バクバクっ子、街を行く！

人工呼吸器とあたりまえの日々

バクバクの会 ~人工呼吸器とともに生きる~

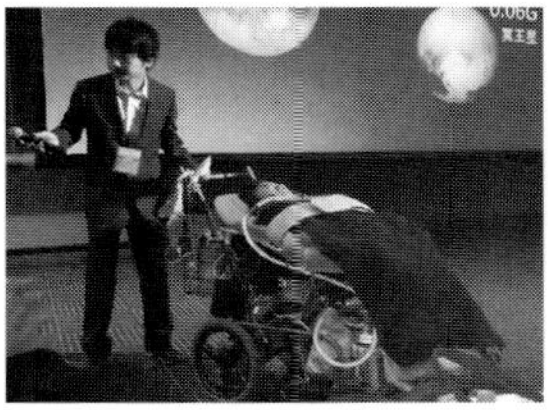

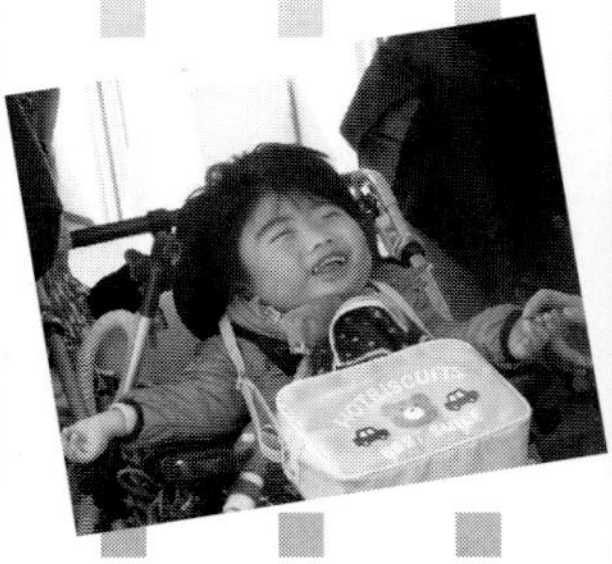

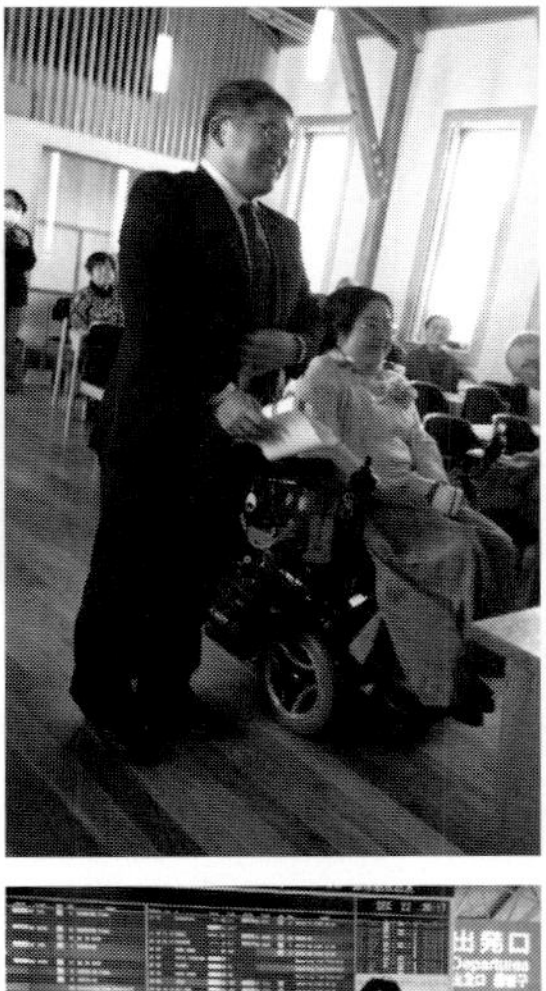

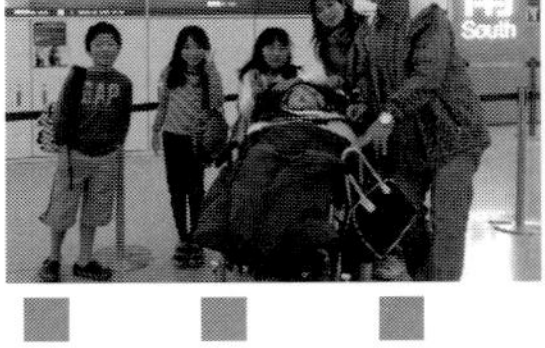

本の種出版
bookseeds

はじめに

人工呼吸器と聞くとどんなイメージをもつでしょうか。ほとんどの人は、終末期医療《いりょう》や事故などで重篤患者《じゅうとくかんじゃ》につける「延命装置」を思いうかべるのではないでしょうか。本著に登場する6人をはじめ、バクバクっ子（人工呼吸器をつけている子ども〈大人をふくむ〉の愛称《あいしょう》）たちは、難病や事故などで誕生してすぐに、あるいは成長していく途中《とちゅう》で自力での呼吸が困難になり、人工呼吸器をつけることから生きることが始まっています。つまり人工呼吸器は、バクバクっ子にとっては「魔法《まほう》の小箱」、メガネなどと同じ生活のための道具です。

バクバクの会（旧：人工呼吸器をつけた子の親の会）は、1989年5月、大阪《おおさか》の淀川《よどがわ》キリスト教病院で、長期にわたり人工呼吸器をつけている子どもたちの院内家族会として結成され、翌年5月に全国組織として活動を開始しました。会員は当事者とその家族や支援《しえん》者で、会員数は約500人、子どもたちの「いのちと思い」を何よりも大切にし、人工呼吸器をつけていても、どんな障害があっても、〝ひとりの人間、ひとりの子ども〟として地域の中であたりまえに自立して生きられる社会の実現をめざし、活動しています。

会の大きな特徴《とくちょう》としては、人工呼吸器をつけているという「状態」の集まりで、人工呼吸器をつけるに至った理由は病気や難病であったり事故であったりとさまざまなうえ、身体的状《じょう》況《きょう》も、呼吸器をつけながら元気に走り回れる子どももいれば、意識障害が重く寝《ね》たきりの子どももおり、病態も様態も異なる人工呼吸器使用者が集まっていることです。当事者の年齢《ねんれい》も０～50歳《さい》くらいと幅《はば》広く、会員がかかえている問題や課題は常に多様で多岐《たき》にわたっています。会の名称《めいしょう》の「バクバク」とは、バッグバルブ（手動式人工呼吸器）のゴムでできたバッグ部分をおすときに出る音を表現したもので、当会にふさわしい名称と思っています。

「バクバクの会の本を出版しませんか」。２０１７年11月２日、大津《おおつ》市で開催《かいさい》された「糸賀一《いとがかず》雄《お》記念賞・糸賀一雄記念未来賞」の授賞式と記念講演を終えたロビーで、本の種出版の編集者小林恵子《けいこ》さんから声をかけられたことがこの本の始まりでした。出版企画《きかく》を受け会員によびかけ、手を挙げた当事者や父母が執筆《しっぴつ》しました。本著には、小学生から成人まで６人のバクバクっ子が登場します。登場者は病気や障害と向き合い、人工呼吸器をつける選択《せんたく》をし、就学問題と戦い、国内に限らず海外へも旅行し、さらに自立、結婚《けっこん》など、それぞれ波乱万丈《ばんじょう》の人生を歩み、本人も家族もともに人生を楽しんでいます。

近年、医療技術の進歩により人工呼吸器や胃ろうなどを使用し、痰《たん》の吸引や経管栄養など日常的に医療的ケアが必要な子どもが増加しています。厚生労働省によれば、医療的ケア児（０～19歳）は、２０１５年で１万７２０９人いて、うち人工呼吸器児（同）が３０６９人となっています。年に、前者で約700人、後者で約300人ずつ増えています（厚生労働科学研究「医療的ケア児に対する実態調査と医療・福祉《ふくし》・保健・教育等の連携《れんけい》に関する研究」2018年5月）。

こうした状況から2016年には法改正も行われ、医療的ケア児が条文に明記されるようにもなっています。たとえば児童福祉法では、第56条の6第2項《こう》に「人工呼吸器を装着している障害児その他の日常生活を営むために医療を要する状態にある障害児」に対して、地方公共団体が、支援のための体制を整備する努力義務が規定されました。

病気や障害があると特別支援学校に行くのがあたりまえと思っていませんか。今は、医療的ケア児も本人・保護者の希望で、近所の友達といっしょに地域の学校へ行くことができるような制度になっています（2013年9月、学校教育法施行《しこう》令の一部改正）。本著には、地域の学校でいきいきとすごすバクバクっ子や、ともに学ぶクラスメートのようすがつづられています。この本で、人工呼吸器をつけ医療的ケアが必要な重度障害児・者でも、あたりまえにふつうの人と同じような生活ができることを知っていただければ幸いです。

2019年6月

バクバクの会～人工呼吸器とともに生きる～会長　**大塚孝司《おおつかたかし》**

バクバクっ子、街を行く！
人工呼吸器とあたりまえの日々

もくじ

※登場するバクバクっ子の学年等は、執筆当時のものです。

バクバクっ子に必要な機器と医療的ケア

バクバクっ子の生活には、人工呼吸器をはじめさまざまな機械や道具が必要です。おもなものと、それらを使った日常の医療的《いりょう》ケアについて、また、関連することがらを紹介《しょうかい》します。

▼呼吸と人工呼吸

呼吸の目的は、体内に酸素を取り入れ（吸気）、体内で作られた炭酸ガスを排出《はいしゅつ》（排気《はいき》）することです。ふつうは気にしたことはないと思いますが、呼吸（自発呼吸）は、呼吸筋（横隔《おうかく》膜《まく》と肋間《ろっかん》筋）の働きにより胸を広げ空気を吸いこみ（吸気）、筋肉をゆるめ大気圧で息を排出（排気）します。これを陰圧《いんあつ》呼吸といいます。人工呼吸は、呼吸器で決められた回数・容量の空気を肺におしこみ、おしこむのをやめれば大気圧で排気します。これを陽圧呼吸といい、ゴム風船をふくらませたりしぼませたりする現象と同じです。

▼人工呼吸器

人工呼吸器には据置《すえおき》型（病院等で使用する圧縮空気と高圧酸素の2系統の高圧ガスを必要とするもの）と、屋外へも移動可能で在宅でも使用されるポータブル型人工呼吸器があります。在宅用人工呼吸器には、小型・軽量、安全性（アラーム機能など）、3電源方式（家庭電源・

内蔵バッテリー・外部バッテリー）、内蔵バッテリーで長時間稼働《かどう》、低駆動《くどう》音、その他たくさんの機能が求められます。

▼バッグバルブ（手動式人工呼吸器）

蘇生《そせい》バッグ、アンビューバッグともいわれ、日常生活や緊急《きんきゅう》時にはなくてはならない手動式の人工呼吸器です。気管カニューレに直接つなぎ、シリコンゴムのバッグ部分を手で加圧し、直接肺に空気をおしこみます。バッグバルブを使うと、人工呼吸器が持ちこめないお風呂《ふろ》や、プールに入ることもできます。

▼パルスオキシメーター

経皮的動脈血酸素飽和《ほうわ》度（ＳＰＯ$_2$）を計測し表示する機器です。同時に脈拍《みゃくはく》数も表示できます。血液中には酸素を運ぶヘモグロビンがあり、ＳＰＯ$_2$とは血液中（動脈）のヘモグロビンの何％が酸素を運んでいるかを示す値です。正常値は95～１００％、95％未満は呼吸不全の疑いがあります。アラーム機能がついており、体調の変化や呼吸器のトラブルをいち早く察知することができます。

そのほか、吸引器、加温加湿《かしつ》器、ネブライザー（水や薬液を霧《きり》状に変え、気道内の加湿や投薬に用いる吸入器具）、酸素関連装置、排痰《はいたん》補助装置など多くの機器が必要です。

▼医療的ケア

人工呼吸器使用者が日常的に行っている「医療的《いりょう》ケア」とは、痰《たん》の吸引・経管栄養・気管切開部の衛生管理・酸素吸入などの医行為《こうい》（医療的な生活支援行為《しえんこうい》）のことです。医師が行う治療《ちりょう》行為と区別するため、在宅や介護《かいご》、教育の現場で使用されている言葉です。

▼痰の吸引

痰《たん》がのどにからまったときには「エッヘン」と咳《せき》をして痰をとり、口に唾液《だえき》（つば）がたまったら「ゴックン」と飲みこみ、鼻がつまれば鼻をかみますね。人工呼吸器を使っている人は、これらのことが自分の力ではできないので、吸引器という機械と、吸引チューブを使って痰や唾液や鼻水を吸い取ります。

▼経管栄養

人工呼吸器使用者の多くは、口から食事や水分をとることができません。そのため胃や腸までチューブを通し、栄養や水分を流動食として注入します。経管栄養もいくつかあり、鼻腔《びくう》から胃まで管を入れて留置する方法、おなかに穴をあける胃ろうや腸ろう、食事のときに管を飲みこむ口腔《こうくう》ネラトン法、体内中心部の太い静脈から継続的に注入するＩＶＨ中心静脈栄養などがあります。

▼気管切開

病気や障害で呼吸がうまくできない、痰《たん》がうまくはき出せないというときに、肺に空気を送ったり痰の吸引をしやすくしたりするため、気管に小さな穴を開けることを気管切開といいます。気管の穴は切開したままでは閉じてしまうので、気管カニューレという管を入れておきます。気管内にたまった痰などはこの気管カニューレから吸引します。

▼酸素吸入

肺の機能が悪い場合には、空気から十分な酸素量を取りこむことができないので酸素を追加する必要があります。酸素ボンベや医療《いりょう》用酸素濃縮《のうしゅく》器、液体酸素システムなどから人工呼吸器に接続して使用します。

▼排泄《はいせつ》管理

病気や障害で排便《はいべん》（うんち）や排尿《はいにょう》（おしっこ）がうまくできない人もいます。便秘のときは浣腸《かんちょう》や下剤《げざい》を使います。自然な排尿ができない場合は、尿道《にょうどう》にカテーテル（管）を入れて人《じん》為《い》的に排尿させます。

なお、医療《いりょう》的ケア児（者）およびその家族を対象とする、次のような国や自治体の医療費助成制度があります。また、保健・福祉《ふくし》制度として、日常生活用具給付事業や放課後等デイサービス、障害児福祉手当などもあります。

▼未熟児養育医療《いりょう》給付事業（母子保健法第20条）

▼小児慢性《まんせい》特定疾病《しっぺい》医療《いりょう》費助成（児童福祉《ふくし》法）

▼指定難病患者《かんじゃ》医療《いりょう》費助成（難病の患者に対する医療等に関する法律）

▼自立支援《しえん》医療《いりょう》制度（障害者の日常生活及《およ》び社会生活を総合的に支援するための法律）

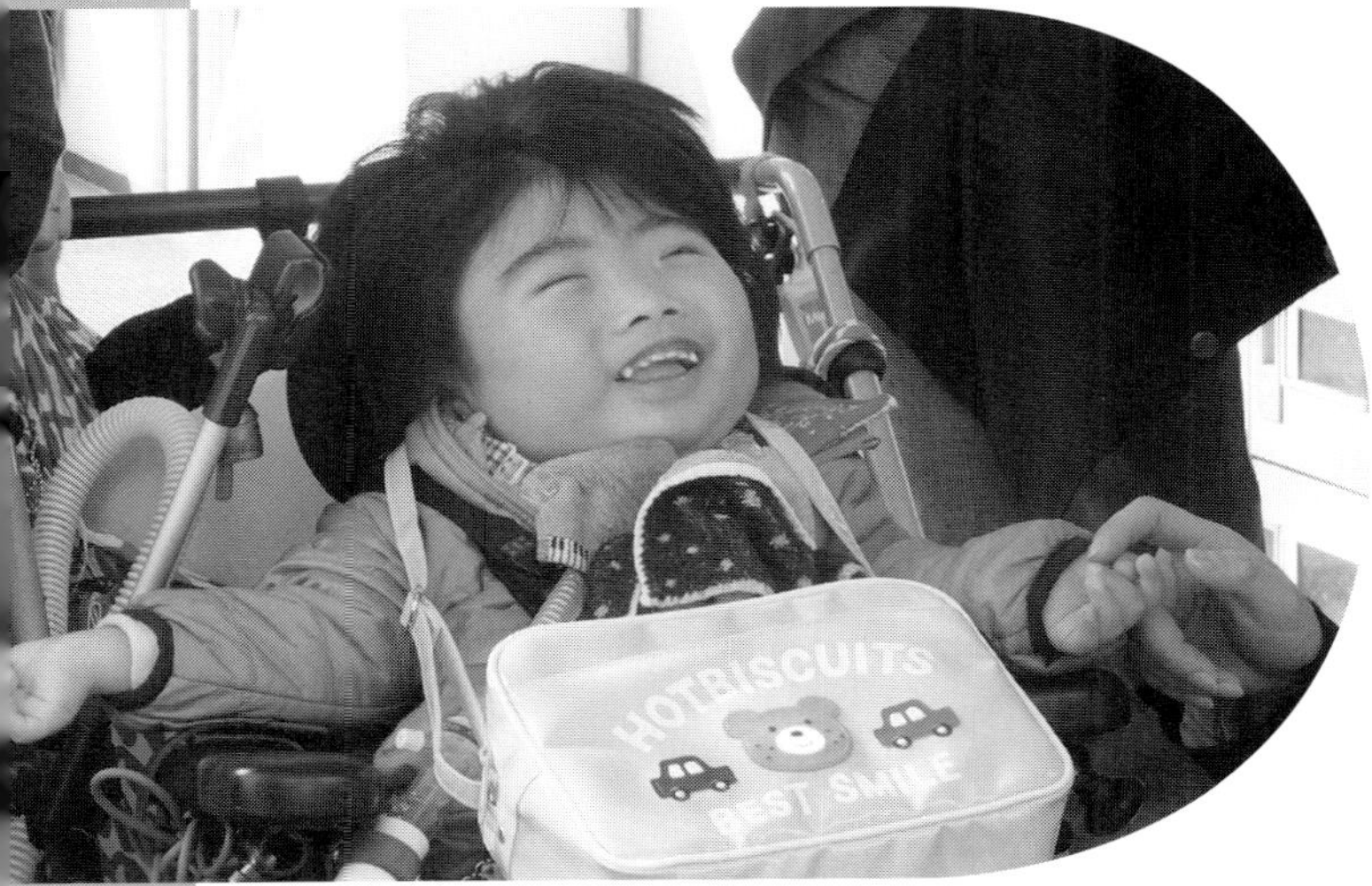

1 自慢の幼稚園バッグで地域デビュー

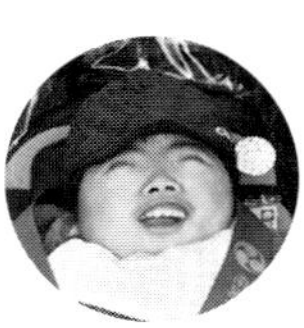

プロフィール

正木　篤（まさき　あつし） ２００９年1月7日生まれ・小学4年生

生後8か月のときリー脳症《のうしょう》（ミトコンドリア病*の一種）と診断《しんだん》される。1歳《さい》1か月より24時間呼吸器ユーザー。日常的に痰《たん》の吸引と食事時の経管注入が必要。両親との3人家族。執筆《しっぴつ》は、おもに母寧子《やすこ》と文中のブログは父一《はじめ》。広島市在住。

突然《とつぜん》の難病宣告

篤《あつし》は、２００９年1月に、母親である私の里帰り出産のため、奈良《なら》市で誕生しました。出生時の体重が１９８４グラムと、やや小さかったのは、私の病歴のため計画的帝王切開《ていおうせっかい》で、予定日の2週間前に生まれたからだとの説明を受けました。ただ、念のため、家族で暮らす広島市にもどってからも、大きな病院でフォローアップ検診《けんしん》を受けたほうがいいだろうとアドバイスを受け、広島市民病院に月1回通院していました。

小さいながらも、首が座り、寝返《ねがえ》りができるようになり、ズリズリあたりをはいずり回っていた初めての夏の終わり、発達にひっかかりを感じた主治医から、精密検査をすすめられ、その結果、ついた診断《しんだん》がリー脳症《のうしょう》。もちろん聞いたこともない病名に、ただただ途方《とほう》に暮れ、そのときに主治医から告げられた内容の中で、唯一《ゆいいつ》、はっきりと頭に残ったのは、「あっくんは、かわいそうだけれど、長くは生きられないかもし

＊ミトコンドリアは細胞《さいぼう》のエネルギー代謝の中心となる細胞内器官。ミトコンドリアの働きが低下して起こる病気を総称《そうしょう》してミトコンドリア病とよぶ。指定難病21。

れない」という言葉でした。

現実にひきもどしたのは本人の笑顔

文字どおり、あのころの私たちは半狂乱《はんきょうらん》になっていたと思います。家族三人で新しいマンションにひっこし、未来は前途洋々《ぜんとようよう》だと信じていたのに、その未来に、篤《あつし》の姿がないかもしれないなんて……。

毎日、泣き暮らす私たちを現実にひきもどしたのは、ほかでもない篤でした。私の顔をのぞきこんで、小鼻をふくらませてニコニコしたり、夫の膝《ひざ》の上で、ご機嫌《きげん》にオウオウ声を上げたりする篤のようすを見ていて、このままではいけない、と思いました。今できる最大のことをしていこう、家族でたくさん楽しいことをしよう、行きたいところも全部行こう、いろんなものを、この子に見せてやろう、体験させてやろう、そして私たちも毎日笑って生活しよう、そんなふうに夫と二人、話をしたことを思い出します。

そして、確定診断《しんだん》がついた時点で、かかりつけ病院を小児神経系のチームがある広島大学病院に移ることになりました。

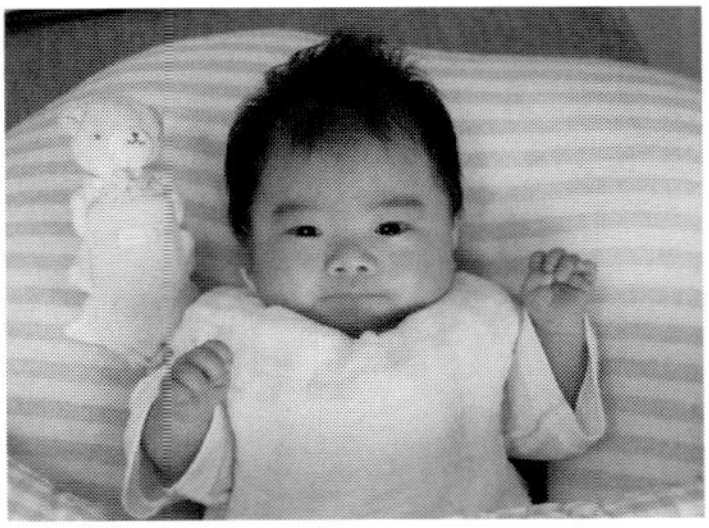

生後２か月で新居にひっこしたころ

1歳の誕生日目前での急変

初めてのクリスマスをむかえるにあたって、私はちょっとまい上がっていました。前年までのボロボロの住居とちがい、新築のマンションとかわいい息子、家中をクリスマスにかざり立て、おかしのブーツを篤《あつし》とお店で選び、ついでに篤もかわいくして、そのようすを写真にとり、クリスマスカードを作成し、両方の祖父母に送ったり……。

もしかしたら、そんなことをして、私がうかれていた間にも、篤は調子を徐々《じょじょ》に落としていたのかもしれません。篤はクリスマスの夜、めずらしく、一晩グズグズ泣き続けていましたが、朝が明けるころ、泣き声がしなくなり、「ようやく寝《ね》たな、なんやの、せっかくのクリスマスなのに」と、夫と話したりしていました。しかし、何かが、おかしい。よくよく息子の顔を見ると、見たこともないほど、顔色がまっ白いというか、青くなっていました。寝ているようすも、ぐったりとして生気がない、これは、絶対に、絶対におかしい。ようやく親としてのセンサーが非常事態を感知しました。

休日ではありましたが、すぐに篤を大学病院に連れて行くと、呼吸状態が著しく悪化しているため、緊急《きんきゅう》の処置が必要であることを告げられ、即《そく》入院となりました。

初めてのクリスマスカードの写真

大きな決断のとき

その日から、お正月、誕生日とイベントがたくさんある年末年始に、入退院を数回くりかえすことになってしまい、２月の初めには、ついに主治医から言われてしまいました。

「この安定しない状態のままだと、医師として、退院はさせられない。このまま、小康状態を保ち、悪くなればまた、挿管《そうかん》（一時的に口からのどに呼吸器の管を差しこむこと）するか、思い切って気管切開をし、24時間人工呼吸器管理をするか……。どちらにしてもむずかしい選択《せんたく》になります。ご家族でしっかり話し合って決めてください。そのために必要なら、ぼくにでも、看護師にでもいくらでも質問してください」

要するにこれは、このまま細って、やがて消えてしまう息子の命を見守るか、困難が多いと思われる人工呼吸器を装着し生きぬく人生を選ぶか、の究極の選択を意味します。それまでの1か月で、うすうすこういう事態を想像はしていましたが、いざ医師の口から話が出ると、やはりなやみました。親って、こんな重責を背負うのか、と何度も何度も二人で話し合いました。

父親のブログより

親になって1年、重すぎる選択がやってきた

入退院のくりかえしで、ＩＣＵに入っては挿管《そうかん》される日々が1か月続いた。

息子は口から管を入れられているので、のどがあれてしまい、声もガラガラだった。この間マスク

式の呼吸器も試してみたが、うまくいかなかった。顔もマスクを固定させるテープでかぶれてしまった。

状態はいっこうによくならず、2月になり主治医より気管切開をすすめられる。のどに管を通して、常時機械で呼吸管理をすることになると説明され、声を出すことはできないとも言われた。そして、それをしなければ、おそかれ早かれ呼吸不全での看取《みと》りを覚悟《かくご》してください。親になって1年ちょっとでの重すぎる選択《せんたく》。

何がこの子にとってのいちばんよい選択なんだろう？　人工呼吸器って何？　見たこともない。そもそも延命のために無理やり使う道具じゃないのか。そんな思いがグルグル頭の中をかけめぐる。

長引く入院生活の中で選んだわが家の未来

そのころの私たちは、篤《あつし》の入院にしたがって、日曜日から金曜日は、私が夜も泊《と》まり、土曜日の晩は夫が交代するシステムを採用していました。それに加え、夫は毎日、仕事帰りにバイクで家より遠い病院に寄り、いっしょに晩ごはんを食べていました。つかの間の家族タイムでした。ああ、これが、自宅であったなら、夫は後《うし》ろ髪《がみ》をひかれながら、だれもいない家に帰ることもないのに、と毎日思っていました。夫ものちに「寒い季節だったこともあり、心身ともにきつかった」と言っています。しかし、私と篤にとっては、その夕方のひとときが何よりも楽しみな時間だったので、直接帰ってくれていいよ、とはどうしても言い出せませんでした。

結局のところ、夫婦の間で決め手になったのは、「どうすればまた家族三人いっしょにすごすことができるのか」という一点にかかっていたように思います。またそうなると「人工呼吸器なるものをつければ、在宅生活できるのか」ということに集約されることになります。

そんな私たち家族に、主治医の石川暢恒《いしかわのぶつね》先生はきっぱりと「できます。ただし、それには、ご家族のしっかりした覚悟《かくご》と、いろんな手技の習得が必要です」と、言ってくれました。

その力強い言葉で、私たちは「生きる」ということと、「家族いっしょの在宅生活をする」ことを選択《せんたく》することになり、正式に気管切開の手術をお願いすることになりました。

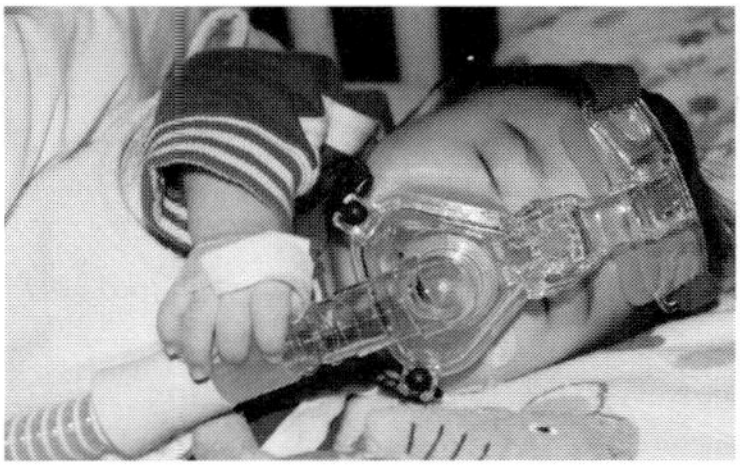
バイパップという呼吸補助装置をつけて

人工呼吸器って何だ？

そうと決まれば、三人が三人ともそれぞれがんばるのみでした。

まず、篤《あつし》本人は、なんとしても体調を維持《いじ》して、手術日当日をむかえるという重大な任務がありました。そのころの篤は、気管切開の一段階前であるバイパップとよばれる鼻口をおおうマスクタイプの呼吸補助装置をつけていました。それがわずらわしいのと、なかなか機械と自分の呼吸のタイミングが合わず、マスクをいやがり、「これをはずしてほしい」というそぶりで泣いてばかりいました。マスクの圧迫《あっぱく》と泣き虫のせいで、顔ははればったく、余計に元気のないようすだったことを覚えています。それでも、当日まで、体調をくずすことなく乗り切ってくれました。

親のほうはというと、非医療《いりょう》関係者の私たちにとって、まず人工呼吸器というものが未知のもの。見たこともないし、それを装着したとなると、篤自身や家族の生活がどう変わるのか、想像もできないわけです。なので、まずは、そうした生活のイメージをどう構築していくか、ということでした。知らないから不安がつのるのだということを、このとき切に実感しました。

夫は家で、「人工呼吸器」「カニューレ（細い管状の器具。カテーテル）」「痰《たん》の吸引」など、無数の言葉をインターネットで検索《けんさく》し、画像や文章を見たと言い、私は私で、病棟《びょうとう》の看護師をつかまえては、必要な物品などの調達方法などを聞きまくりました。その結果、その不安は、さらに大きくなるような、しかしちょっとはイメージが整理されるような、ドキドキの質もワクワク要素が足されるものに変貌《へんぼう》していく感覚がありました。

二度目の生誕

いよいよ手術を無事終えた篤《あつし》が病室に帰ってきました。そのときのようすを夫もブログに記していますが、篤は、別人のように、どんどん私たちに笑顔やいろんな表情を見せ始めました。夫自身も、すこぶる前向きにとらえていたようで、この二人に引っぱられるように私も一気に走り出す気持ちがわき起こりました。

思えば、このとき、篤は二度目の生誕を果たしたようなものでした。季節は2月の末、さあ、わが家にも一気に春がやってきました。

父親のブログより

選択した先にあった息子の笑顔

手術を終えて、呼吸器とパイプをつけた息子が病室にもどってきた。呼吸器から送り出される空気の音が思っていたよりも大きかった。生きている証《あかし》の音だと思った。

麻酔《ますい》からさめた息子は、顔色もよく、私と妻の顔を見つけてニコっと笑った。うれしかった。救われた気がした。

（中略）

息子はグングン元気になっていった。パイプからエネルギーを得ている点は、『ガンダム』に出てくるザクみたいでいいじゃないか、けっこうかっこいいぞと個人的に思っていた。

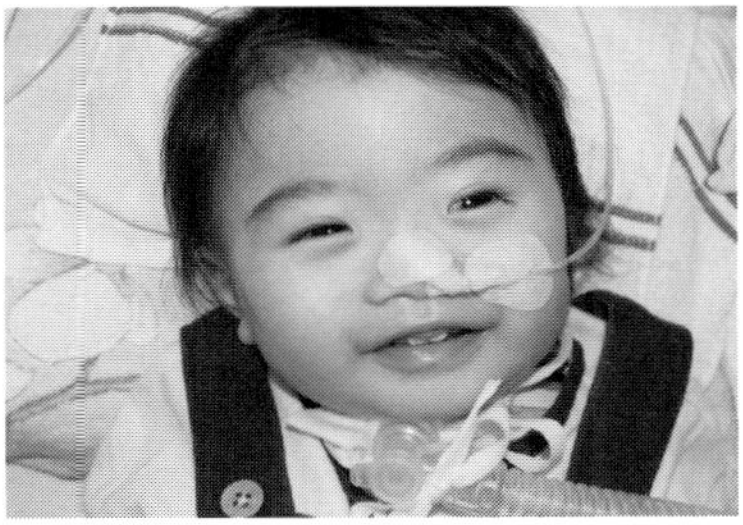

「ザク」になった笑顔がうれしかった

久しぶりの下界

そんな3月のある日、外気に慣れる練習の一環《いっかん》として、篤《あつし》は主治医・看護師とともに、入院病棟《びょうとう》の庭を散歩しました。考えてみれば、篤にとってはまるまる2か月ぶりの太陽の下でした。散歩といっても、手術室に行くときや、搬送《はんそう》などに使う黄色い潜水艦《せんすいかん》のような小児の移動用ベッドに乗って、ころころ転がしながら行ったものですから、そのベッドの上にあおむけで寝転《ねころ》がる篤からは、ただ青い空が、ぱーっと見えていただけだったのかもしれません。ちょっとまぶしそうな顔をして、しきりに手を動かしていました。

暖かい日でしたが、常夏のような病棟住まいに慣れた篤の体には、やはり空気はヒヤッとしていたことでしょう。もっと風にふれさせてやりたい、これをこの子の日常にしてやりたいと切実に感じました。

退院に向けての道のり

もっとも実質的な問題として、気管支に入ったカニューレからの痰《たん》の吸引と、鼻から胃まで通してあったチューブで食事をとることの経管栄養の手技をはじめとした、生活全般《ぜんぱん》の医療《いりょう》的ケアの習得が必要でした。これを親の二人が難なくできるようにならなくては、在宅生活はスタートを切ることすらできません。家庭には、主治医も看護師もいないのです。

バクバクの会との出会いも、そんなさなかのこと。病棟《びょうとう》の看護師と医師がすすめてくれたことから、その存在を知りました。つまずいたときでも、決して暗い気持ちでしずみこまないよう、前向きに生きる決意表明のような気持ちで入会を決めました。

いよいよ退院が4月の初旬《しょじゅん》と決定し、それまでの日々、院内外泊《がいはく》や実際の外泊も体験しました。呼吸器メーカーの担当さんとも、綿密にいろんな打ち合わせをしました。

父親のブログより

習うより慣れろ

身の回りのケアの仕方も覚えつつ、息子が家に帰るためにさけては通れない医療《いりょう》的ケア。その筆頭ともいえるのが、痰《たん》の吸引。

病院で看護師さんが実施《じっし》する場合は、滅菌《めっきん》手袋《てぶくろ》を取り出すところから始まり、個装の水の封《ふう》を切ったり、カテーテルの開封《かいふう》など、そのつどそのつどやることが多い。自分がやるとなると、こんなにたくさんのことをやっていると、息子がゴロゴロ（わが家では痰のことをゴロゴロさんという愛称《あいしょう》でよんでいる）と痰が上がってきていても、すぐに吸引して、すっきりさせてやれないんじゃないかと、不安になった。

今までの人生で、カニューレから蛇管《じゃかん》をはずして痰の吸引なんて、見たことも聞いたこともない未知なるもの（息子が呼吸器をつけてから見聞きすることのほとんどがそうなのだが）。両親が吸引に慣れるためには、不安であろうが、練習をしなければならない。ゴロゴロ言い出すと、看護師さんを呼んで、目の前で見てもらいながら、吸引をするのである。私がつきそいの夜など、できるだけゴロゴロさんが来ませんようにと祈《いの》ったりしていたが、しっかりと登場して、自主トレに貢献《こうけん》してくれた。

厳しい指導のかいあって!? 今となっては、ごくごく自然にできているような気がする。まさに「習うより、慣れろ」だった。

院内外泊の効果

「院内外泊」。聞き慣れない言葉だが、病院内にいながら外泊と同じ状態ですごすことである。退院準備の一環《いっかん》で、まずは病室内で、本当に緊急《きんきゅう》的な必要時以外は医療関係者はいっさい来ない、いわば自宅と同じ環境《かんきょう》にして、きちんと家族だけで生活できるかという訓練である。

これまで教えていただいた、医療的ケア、痰の吸引、経鼻栄養の注入、万が一カニューレやマーゲンチューブ（鼻から胃へ通しているストロー状のもの）がぬけてしまったときの対処法等、頭の中を整理した。

不安な気持ちはもちろんあるが、それを小脇《こわき》にかかえて「自分たちはやれる」と自己暗示をかける。一つひとつハードルをクリアしなければ、息子といっしょに家で生活できないと思い、必死だった。

そんなこんなでむかえた院内外泊であったが、大きなトラブルなく乗り切ることができた。久しぶりの家族水入らずの一日を楽しむという余裕《よゆう》はまったくなくて、夫婦ともども緊張《きんちょう》と達成感でへとへとになったことをよく覚えている。

今となっては、当時はずいぶん力んでいたなぁと思うが、不安をつぶしていくには院内外泊の効果は絶大だった。

在宅生活へ具体的な準備が進む

わが家はマンションだったため、住居的にはバリアフリーではあったので、改修工事などは不要でしたが、呼吸器ユーザーとして暮らしていくのに快適なように、家の中を整備する必要はありました。日中、リビングですごすのに、いかにもというような介護《かいご》ベッドだとあまりにも病室がそのまま家の中にあるような気分になりそうだったため、高床《たかゆか》式ユニット畳《たたみ》というものを探し出し、それに落下防止の柵《さく》をつければいいのではないか、と思い立ち、夫と義父に組み立てを担当してもらいました。

また、在宅生活に入るにあたって、訪問看護（医師の指示のもと、家に看護師が訪問し、体調管理や、入浴介助《かいじょ》・気管切開部分の衛生処置など必要なケアを実施《じっし》する）を利用することになりました。ですので、病院の看護師からその訪問看護ステーションの看護師への引きつぎのため、訪問看護師さ

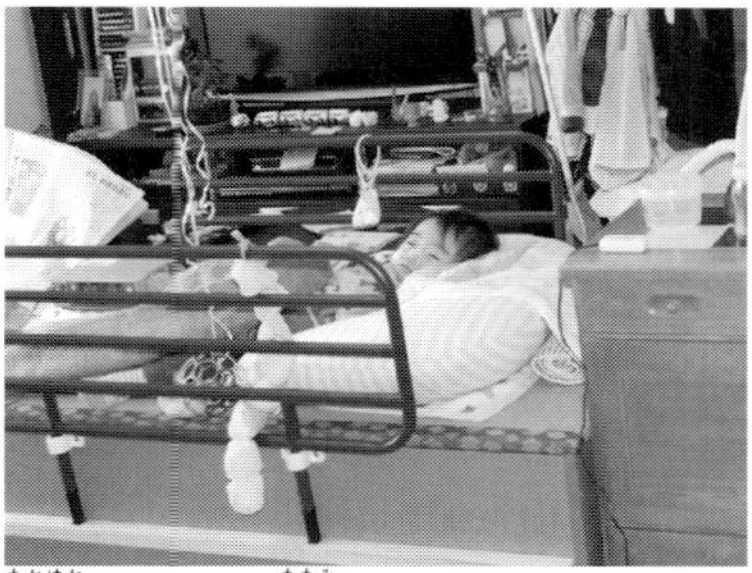

高床《たかゆか》式ユニット畳《たたみ》で作ったベッドを導入

んは沐浴《もくよく》やケアのようすの見学に何度も病院に足を運んでくれました。主治医・担当看護師・呼吸器メーカー担当者・訪問看護師・保健師などでケアプラン会議も数回行われ、しっかりとバックアップ体制を作ってもらいました。何もかも全部を自分たちで背負い、完結させねばならないのかと思っていた私たちにとって、この一連の流れは大変に心強く感じ、現実の生活をイメージすることができ始めました。

新生活の幕開け

ついに在宅生活が始まりました。

在宅のサポートをお願いした広島県看護協会訪問看護ステーション「中央」の保永康枝《やすながやすえ》所長が、最初の契約《けいやく》で家に来られました。そのとき言われた言葉が、今でもずっと心の礎《いしずえ》になっています。

「私たちは、今までたくさんの患者《かんじゃ》さんに出会ってきたし、人工呼吸器をつけた人もいろいろ出会ってきたけど、でもみんな一人ひとりちがう。そういう意味であっくんは、こんなに小さくても私たちみんなの先生なの。私たちにいろんなことを教えてくれるんです。それからね、お母さん、どんどんいろんなところにいっしょに出かけてくださいね。きっとどんどんあっくんはいろんなことを吸収して元気になっていくから。かわいいでしょ、うちの子かわいいでしよ、ってどんどんいろんな人に自慢《じまん》して、いろんな人にかわいがってもらってくださいね」

「真綿にくるむように温室の中でずっと育てるんじゃなく、いろんな経験をさせてあげてください」という石川先生の言葉とともに、本当に真に受けて、在宅生活をスタートしてから、どんな小さなお出かけでもいいから、週末土日のどちらかはお出かけしよう、と家族で決めました。まあ、このお二人とも、ここまでわが家が、あちこち出かけまくるとは思っておられなかったでしょうし、まさかその原動力が自分たちのアドバイスだとは……と今ごろは思われているかもしれません。

父親のブログより

お花見散歩

退院した翌日には、これまでの入院生活でなかなかできなかった、息子との外出をすることにした。これには、ベッドから息子と呼吸器をベビーカーにのせる訓練の意味合いもあった。

息子が乗るベビーカーに、全部の装備は積みきらなかったため、念のため持ち歩く酸素ボンベは、別に荷物カートにのせて、ベビーカーをおしていない私が、ころころと転がして歩く。外出には、やはり当面2人以上の人の手が必要だ。

近所の川べりの桜が満開だったこともあり、春風の中を出発した。息子もベビーカーの手すりに足をかけてご機嫌《きげん》だった。しかし、すれちがう人、子どもたちの好奇《こうき》な視線やあわれみの視線、そんなものに直面する。こちらに何の免疫《めんえき》もないため正直つらかった。だからといって、家に閉じこもっているのも変だと感じていた。のちのち、いろいろな経験をとおしてうまく説明できるようになったが、これはかなりのストレスを感じた。

ハード面、ソフト面、両方のトレーニングということもあり、妻と話し合って、これからは何もないかぎりは、できるだけ、週末土日のどちらかはお出かけをしようということになった。

サポート体制の確立

最初のころは、通院の支援《しえん》体制が整っていなかったので、義母や私の妹などが同行してくれたり、呼吸器メーカーの担当者がサポートしてくれたり、思えば、最初からいろんな人に支えてもらい、私たちの「新生活」がスタートしました。

ただし、スクランブル的な人的配置は、長く続かないだろうと思い、前述の所長さんの進言で、在宅後1か月ほどですぐにヘルパーステーションと契約《けいやく》し、通院などの移動支援や、入浴などの居宅サービスに入ってもらうことにしました。ヘルパーさんたちは、この

退院後初めての散歩はお花見

のち、単なるサービスとしてのサポートとしてだけではなく、篤《あつし》の人生において大きな援軍《えんぐん》になっていきます。

「療育」「教育」をどうするか

ある程度、実生活のほうが軌道《きどう》に乗ってくると、次に考えるのはやはり篤《あつし》自身の「療育《りょういく》」「教育」でした。実は、呼吸器をつける少し前から、療育センターの通園を少し始めていたので、退院したという連絡《れんらく》と、これからどういうように通園を進めていけばいいのかというアドバイスを受けるために、電話を入れました。

「え、呼吸器をつけられたんですか。それはまた……、大変なことでしたねえ。あつしくんも、かわいそうなことでしたね。そうですか……。今のころ、うちのほうでは、呼吸器のお子さんというのはちょっと……。またどこかでご縁《えん》がありましたら」

やんわりと、しかし取り付く島もない断られ方をしたのです。うちの子、かわいそうなんかじゃないし。でもそうか、うちの子はこういう「療育のプロ」と、当時私が思っていたところにさえ、こんなこと言われちゃうんだな、と思いました。それならそれでいい、むしろ正攻法《せいこうほう》中の正攻法で篤には育ってもらおうじゃないかと、夫婦で決意しました。思えば、ここがわが家の「子育て」のターニングポイントだったのでしょう。

父親のブログより

幼稚園死闘《しとう》編① 「虎に翼」

息子が家にもどって、生活のリズムもできあがってきた。方々に出かけたりして、家族で在宅で生活することに対して自信も少しずつついてきた。そろそろほかの子どもたちと遊ばせてやりたいと思っていた。

妻が療育《りょういく》センターに問い合わせた。「人工呼吸器をつけているのですが、通えますか?」と言うと、担当者が「それは大変なことですね、こちらでは何もできることがありません」と、にべもなく断られてしまった。今現在は「障害者差別解消法」もあり、さすがに門前ばらいはないと思うが……。

これで妻の闘志《とうし》に火がつき、「よし、専門機関が断るなら、地域で育てよう」と決心したそうだ。それまで、私たちは、どちらかというと、息子のような「重症児《じゅうしょうじ》」こそ「療育」といった枠組《わくぐ》みで育てるべき、と考えていた節があった。それがこのようなあつかいを受ける。「療育がなんぼのもんじゃい」と反転したとて、不思議はなかった。

わが家では、もともと地域の幼稚《ようち》園、保育園から小中学校へと考えていた。この事件はその方向性をはっきりとさせてくれた。のちに療育センターとのやりとりを思い返したとき、療育センターはよくぞ断ってくれたもんだ。わが家を「虎《とら》に翼《つばさ》をつけて野に放ち」やがったなと感じた。息子が外へ出ようとして初めて、世に言う「障害者と世間の壁《かべ》」に直面したできごとだった。

あらためて言うが、障害というバリアは、当事者の側ではなく、社会のほうにこそあるのである。

息子のように人工呼吸器をつけて車いすに乗っていても、地域の学校に通う。この大前提のもとに、わが家の就学前活動が始まった。

あえて幼稚園への道を

幼稚園《ようち》か、保育園かと考えたとき、実はそれまでのケースでいえばバクバクの先輩方《せんぱい》は、比較的《ひかく》、看護師が配置されやすい保育園を選ばれていたケースが多かったように思います。しかし、その先の小学校就学のことを考えると、同じ教育委員会管轄《かんかつ》の幼稚園のほうがいいのではないかと考え、幼稚園入園をめざすことになりました。

そのころの篤《あつし》は、もう何度か旅行をしたり、私の実家の奈良《なら》へも何度も行っていましたので、外出ということに対してはある程度の経験はありましたが、「同世代の子どもたちと遊ぶ」ことと「地域社会への社会参加」が圧倒的《あっとう》に経験不足でした。そのためには、どうしても地元の幼稚園に入園する必要性を感じていました。

未就園児教室に参加

広島市の場合、通常、公立の幼稚園《ようち》は2年保育であったため、満4歳《さい》で入園となります。幼稚園では、未就園児のためのプレ教室が月2回ほど開催《かいさい》されていたので、入園年齢《ねんれい》の1年前、3歳になった春から、篤《あつし》も参加してみることにしました。

初めて参加した日は、篤以上に私が身構えてしまい、一人で連れていく勇気がなく、ヘルパーさんに同行をたのみ、三人でいっしょに行きました。

私自身も、まわりの親子の反応も気になるところで、ドキドキしてはいたものの、当の本人、篤はどんなようすを見せるだろうか、と思いました。初めて目にする同じ年くらいの子どもたちの群れ。最初はまわりをうかがうように遠慮《えんりょ》がちに、次第にしげしげと興味深そうに、まわりの子たちを見ていました。だれかが近寄ってくると、ちょっとおどろいたような顔で、内に閉じこもるかのように目を閉じたりしていました。ああ、明らかに、経験したことのない刺激《しげき》を受けているなあと感じました。

その後も、どんどん通うようになり、何人かの保護者から声がかかるようになりました。

「同じマンションだよ、うちは○階」

「○○スーパーで見かけたことあるよ、おうち、あのあたり?」

話しかけられることで、私自身、ようやく地域にデビューしたな、という実感を得ました。

親子でのふれあい遊びなどをとおして、篤をだっこして、まわりの親子と同じようにいろんなしぐさをしていると、ああ、私たちは特別な親子なんかじゃない、この中のふつうの一組の親子なんだなあ、という思いがわき上がり、この「特別じゃない」という感覚を、篤の中にも、私たち親にも、まわりの人にも浸透《しんとう》させていかなければいけないなあと感じました。

幼稚園運動会で未就園児のかけっこに参加

この間、夫は、仕事の休みとプレ教室の開催《かいさい》日が合わなかったこともあり、私からの報告ばかりで情報を共有していたものですから、10月に開催される、地域の人も見学できる幼稚《ようち》園の運動会をとても楽しみにしていました。

秋晴れの中、未就園児のかけっこの種目で、篤《あつし》は堂々と、父親と車いすで走りました。ゴール地点で、在園児のお兄ちゃんお姉ちゃんから参加賞のメダルをかけてもらい、意気揚々《ようよう》と私のところに帰ってきた篤は、初めて味わう達成感に明らかに高揚《こうよう》していました。

この競技に出たおかげで、地域の人々の中にも、あ、車いすの子だな、と注目してくれた人が多くおられたかと思います。これからこの幼稚園に入園し、地域の子どもとして、成長しますから見守ってくださいね、といったアピールにもなったかもしれません。

ともかく、その日、家に帰ってからもずっとご機嫌《きげん》だった篤のようすを見て、これまた興奮気味の夫は「絶対、あの幼稚園に入園させよう。今日いっしょに走った子たちが同級生になるかもしれん」と、しきり

未就園児のかけっこで完走

に言っていました。そのころには、幼稚園の先生たちとも、顔なじみになっていたので、私たちは案外、すんなり入園できるかもしれないなあ、とあわい期待をだき始めていました。

何はともあれ、徐々《じょじょ》にですが、篤が集団生活の中で、いろんなお友達に囲まれ成長していく未来をイメージできつつあったわが家でした。

入園願書を提出

翌11月、一般《いっぱん》の保護者にまざって、入園願書を提出に行き、何かその場で言われたらどうしよう、とドキドキするも、受理担当の事務の先生は、ニコニコと受け取ってくれました。しかし、願書しめきり日の翌朝9時前に園長先生からわが家に電話があり、15時にお子さんと園まで来てください、とのこと。こういう急な呼び出しに応じられないようでは、とうてい幼稚園《ようち》に入園などできませんよ、というわけです。

正直、「来た!」という気持ちと、「えらいこっちゃ、どないしよ」の気持ちでまい上がりました。もちろん夫は仕事でいない、とりあえず携帯《けいたい》電話にメールは入れたものの、それでも落ち着かない私は、そこで当時バクバクの会の副会長をされていた広島市在住の穏土《おんど》ちとせさんに連絡《れんらく》することを思いつきます。それまで、ほぼ幽霊《ゆうれい》会員だったわが家が、日常的にやりとりをする間柄《あいだがら》ではなかった彼女《かのじょ》に、連絡をとろうとしたことは、今思い返してもグッジョブ、自分をほめてやりたいです。

「とにかく、ドキドキするじゃろうけど、あっくんをここに入園させてやりたいっていう自分たちの気持ちをぶつけてきたらええよ。まあ、一筋縄《ひとすじなわ》にはいかんじゃろうけど、あとのことはこれからみんな相談にのるからね」

穏士さんの言葉に勇気を得て、篤《あつし》と二人、園におもむきました。

長い冬の始まり

まず園長先生から、広島市では、人工呼吸器をつけたお子さんの受け入れの前例はないということ、自分は来春に定年退職をするから責任をもって入園を認めるというわけにはいかないこと、幼稚《ようち》園はお母さんが思っているよりもずっとばい菌《きん》だらけなので、篤《あつし》くんのように免疫《めんえき》力の弱いお子さんには厳しすぎる環境《かんきょう》であること、正式入園にこだわらず、交流保育といった形ではどうなのか、それなら受け入れもある程度希望にそえるかもしれない、などということを話されました。

親として、この子を差別したくないからこそ、ほかのお子さんと同じように地域で育ってほしい、交流保育のような中途半端《ちゅうとはんぱ》な存在ではなく、正式な在園児としての籍《せき》をこの子にあたえてほしいということを話したと記憶《きおく》しています。

その後、夫も交えて園で話し合いをもったり、広島市教育委員会の担当主事とも何度も面談をしましたが、一向にらちが明かず、どう考えても教育委員会としては時間切れ（結論を出さずに入園式をやりすごす）をねらっているとしか思えない対応をされ続けました。

その間、もちろん手をこまぬいていたわけではなく、前述の穏土《おんど》さんとは毎週のように電話で作戦会議をし、またバクバクの会の賛助団体である「てごーす」が主宰《しゅさい》する「おしゃべり会」（障害児の就学問題を考える会）のみなさんにも強力にバックアップしてもらい、なんとか突破口《とっぱこう》はないだろうか、と模索《もさく》を続けました。

父親のブログより

幼稚園死闘《しとう》編③　入園前の長い冬1

（前略）

11月13日、妻と息子で幼稚《ようち》園見学。

11月14日、妻と息子で幼稚園見学。避難《ひなん》訓練体験。このとき、園長から非常事態ではほかの園児も守らないといけないので、あなたのお子さんに割ける人員はいない。お母さん一人でお子さんを守るのですよ、と言われたそうだ。市教育委員会主事と面談。

11月15日、息子の病院受診《じゅしん》。私も休みだったので三人で幼稚園へ行く。少しの時間ではあったが、幼稚園入園志望の理由として、地域の中で同世代の子どもとともに育ってほしいという両親の思いを伝える。そこで、もし交流保育からスタートしても途中《とちゅう》から正式入園に移行することも可能かもしれないという甘言《かんげん》をささやかれ、正直、それでスムーズにいくならそれも選択肢《せんたくし》の一つなのか、とも思ってしまった。

11月17日、父所用のため妻と息子とヘルパーさん。広島市の就学を考えるおしゃべり会に初参加。現段階の状況《じょうきょう》を説明しそれに対して、「そこまで話しているなら正式入園でいいのでは？」とのご意見をいただく。その後、家族で話し合い交流保育に満足するのではなく、4月からの正式入園をめざすことで意思統一する。

このときまで息子は、その体力面を考慮《こうりょ》して連続で外出したことはなかったのだが、よくがんばったと思う。大人の事情で緊迫《きんぱく》した場面の連続でさぞ緊張《きんちょう》もしたことだろうとも思う。自分を取り巻く社会の壁《かべ》がいかに高いかも感じてくれたと思う。わが家では息子に関する話し合いには、必ず本人を同席させることにしている。それは取りも直さず息子の人生にかかわることを、息子ぬきで決めることはできないと考えているからだ。

この後、さらに年内に4回幼稚園見学。

この間、こちらの思いをなんとかゆらがせようとしてか、再々行われる園長や教育委員会との面談ではかなり差別的なことを言われ続けたと妻は言う。たとえば、「幼稚園の2年間に健常児はものすごい成長を遂《と》げる。その間、あなたのお子さんはおそらくほとんど成長はできないだろう。まわりのお子さんからどんどん置いていかれるお子さんを見て、お母さん、あなた、たえられますか」や「これはお母さん一人の考えじゃないんですか。お父さんも同じ意見ですか。お父さんのお考えも聞いてからでないと判断できませんね」など、帰宅して妻から聞かされた私はいかりがふつふつしていたことを覚えている。

そして、幼稚園入園について越年交渉《えつねんこうしょう》が決定した。

ぼくはこのバッグで幼稚園に行く！

入園説明会の案内もしてもらえませんでしたが、こちらから自発的に行き、必要物品の注文もしました。そのときにも、園長からは「こんなことまでしても、入園できなければ、もっと悲しい思いをするのはお母さんなのに」と言われて、くやしい思いをしました。

「いいえ、親としては、みんなと同じものをそろえてやりたいんです。この子の所有物を一つひとつ増やしてやりたいので」

そう答えました。

園バッグは、指定のものがなかったので、家族三人でイオンに買いに行きました。それまでの買い物では、篤《あつし》はほとんど自己主張をすることなく、私がこれがいいかな、と思うものをニコニコ受け入れていたのですが、この日は私が候補に挙げるものをどれもこれも「いやだ」とはっきり主張しました。いくつもの店舗《てんぽ》を見てまわり、最初に気に入ったそぶりを示していたものの、親としてはちょっと予算オーバーかなと思って候補からはずしていたバッグがやっぱりいいという顔。もう一度お店に見に行くと、その黄色いバッグをじっと見つめ、大きくうなずきます。これほどまでにはっきり自分の意思を示したことはありません。結局、そのバッグに決定しました。

「これがぼくの幼稚園《ようち》バッグ、これでぼくは幼稚園に行く」

幼稚園への入園を、しっかり自分の思いとしてもっているということが顕著《けんちょ》になった瞬間《しゅんかん》で、親としても「ぶれない気持ち」を強く再認識したできごとでした。

ようやく決定した正式入園

3月に入っても幼稚園《ようち》からは何の音沙汰《おとさた》もなく、こちらからの問い合わせにものらりくらりとした態度でしたので、教育委員会のほうに、かなり強硬《きょうこう》に申し入れをしました。その結果、また呼び出しに応じて園に行くと、「いかなることが起きたとしてもその全責任は保護者が負い、園はいっさいの責任を負わない」と記されたいわゆる「念書」をこの場で書くなら正式入園を認めると言うのです。これは、書けない。書いてはいけないと思いましたので、拒否《きょひ》し、しかし念のためその書面だけは持ち帰りました。

結局、私たちの支援《しえん》団体ともつながりがあり、教育関係に強い市会議員さんを交えて、最終的な結論を出そうということになったのは、もう4月になってのことです。

その日はもちろん夫も仕事を休み、穏土《おんど》副会長、「てごーす」の松尾晴彦《まつおはるひこ》さんもかけつけてくれ、篤《あつし》は朝からものすごく緊張《きんちょう》した面持ちで、自慢《じまん》の園バッグ持参で幼稚園に行きました。

年度がかわり、きわめて差別的な発言の多かった前園長ではなく、新しく着任した甲斐千鶴子《かいちづこ》園長が教育委員会の管理職とともに待ち構えてくださり、話は最初から和やかに進み、ほかの入園児と比べると「義務教育ではないため看護師加配ができません、そのため保護者のつきそい協力はお願いします」という一文がプラスされたものではありましたが、ようやく入園許可証が園長先生から、直接、篤に手わたされました。

園長先生が「入園を認めます」と読み上げた瞬間《しゅんかん》、それまでとてもこわばった顔をしていた篤が、まさに花がさいたように笑顔をはじけさせました。その場にいたすべての大人たちは思わず、そんな篤のようすに魅了《みりょう》されたのです。

もう入園式までは1週間にせまっていましたが、篤の幼稚園生活は、みんなと同じ日にスタ

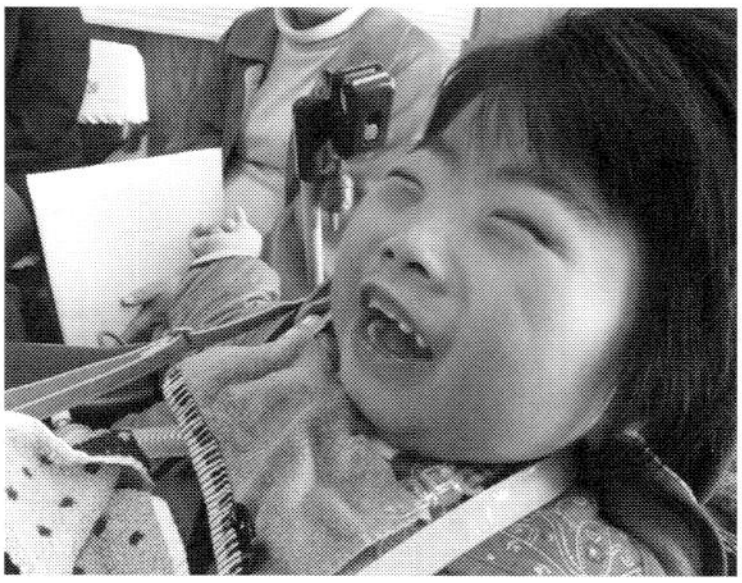
「入園を認めます」の声にはじける笑顔

ートを切ることになりました。

珍獣の群れの中で

そんなすったもんだの中、不安と期待いっぱいの幼稚園《ようち》生活は始まっていきました。結局、最初の取り決めのまま、保護者の完全つきそいは緩和《かんわ》されることなく、ほとんどの日は私が、仕事が休みの日は夫が、篤《あつし》といっしょに2年間幼稚園生活を送りました。

篤の体力面を考え、最初は週2、3回の午前中のみから始め、卒園するころには、毎日行く週やお弁当を食べて最後までみんなといる日も少しずつ増えていきました。よく聞くのが、「重《じゅう》症《しょう》児《じ》は、体力面でもほかの子と差があるし、集団生活はむずかしい」という言葉ですが、そんなことはありません。本人のできる範囲《はんい》での登園・登校でいいのです。実際、これくらいの年齢《ねんれい》の子たちは（健常児であっても）、本当によく体調をくずすので、篤だけが特別多く休んでいるという感覚はありませんでした。

何より、いろんな面でのおくれやできないことで、篤自身が疎外《そがい》感を感じてしまうのではないかと心配していましたが、これはまったくの杞憂《きゆう》でした。彼《かれ》らはまだ、変な言い方ですが、人間になる前みたいな段階で、これが集団になるとまさに珍獣《ちんじゅう》の群れのようでした。そこからみんな一気に成長していくのです。それは篤とてまったく同じで、まわりの子たちに負けないスピードでいろんなことをグングン吸収していきました。家でテレビを見て、母といっしょに歌う歌より、園でみんなといっしょに歌う歌のほうがずっと楽しく、粘土《ねんど》遊びは手がねちゃねちゃするからきらい、絵本は毎週借りて帰ってたくさん読む、そんな園生活が続きました。

人工呼吸器への認識は自然に深まる

幼稚《ようち》園はとにかくたくさんのイベントがあるので、ひとときも気がぬけません。次から次へといろんなことに向けてがんばらねばならず、篤《あつし》もおちおち体調をくずすひまもありませんでした。結果的に、幼稚園に生息するばい菌《きん》たちは篤の体をどんどん強くしてくれました。

まわりの子どもたちも、容赦《ようしゃ》がありません。

「生きとるん？　死んどるの⁉」

「この子はお人形なん？」

小さい子たちは、思ったことをそのまま口にするものですから、園の先生たちは私たち親子が傷つかないか、相当ハラハラされたようでした。しかし、私自身はちょっとその感じをおもしろいなと思ってもいました。篤も最初は言われるがままでしたが、だんだん、目をぎょろぎょろ動かしたり首を横に動かしたりして「生きとるわ！」を主張するようになっていきました。

幼稚園児たちに、人工呼吸器というものがどんなものか、どの程度理解できるかわかりませんでしたが、何度も何度も、聞かれるときちんと説明しました。子どもというのはすごいもので、こちらが思うよりはるかに正確に把握《はあく》できているなあと感じたことも何度もあります。たとえば、消防訓練で疑似火事状態のスモーク体験をしたときのこと。

「めっちゃ息がしんどかった。あつしのその機械、貸してほしいくらい。でもおれが借りたら、あつしが困るよね」

ある仲のよい友達がそう言いました。そのとおり、きみの人工呼吸器に関する認識はかなり正しいです、と感心しました。

保護者のつきそいの弊害

幼稚《ようち》園側も、いろいろなとまどいや試行錯誤《しこうさくご》はあったと思いますが、園長先生の「みんなといっしょ」という強い信念で、遠足の動物園もスロープ付きのバスが手配され、みんなといっしょに行くことができました。

しかし、すべての行事、すべての行動を保護者が介助《かいじょ》する、この状況《じょうきょう》は本当に弊害《へいがい》が多すぎました。子どもたちも、直接篤《あつし》には話しかけず、私に「あつしくんにこう言って」と通訳をやらせたり、まわりの保護者・地域の人たちにも「ああ、あの子はやっぱり親がずっといっしょにいなければならないんだな」というまちがった認識を植えつけたと思います。親がいっしょでないといけないのではなく、必要な支援《しえん》さえ得られれば、親は常に必要ではないんだ、むしろべったり親がそばにいることは篤の成長を著しく阻害《そがい》しているという苦々しい気持ちが2年間ずっとあったのも事実です。義務教育である小学校では、何が何でも、親子分離《ぶんり》してもらわないといけない、と強く感じていました。

幼稚園の仲間とともに地域の小学校へ

バクバクっ子の周辺では、就学闘争《とうそう》という言葉をよく聞きます。地域の学校に行きたいと希望しても、教育委員会のほうから、特別支援《しえん》学校やその訪問籍《せき》*をすすめられ、当事者家族の希望をかなえるには相当戦わないといけないというケースが跡を断ちません。

篤《あつし》の場合も、入学前の就学相談で、特別支援学校や地域の学校の特別支援学級をすすめられはしましたが、一貫《いっかん》して、「地域の普通《ふつう》（通常）学級以外は考えていませんので、それに必要な人的配置・学校内の整備をお願いします」と言い続けましたので、もめることもなく、みんなと同じように就学時検診《けんしん》を受け、同じ時期に就学決定通知書も届きました。みんなと同じ制服、ランドセル、新しいたくさんの教科書とノート、幼稚園《ようちえん》からの仲間とともに、篤もピカピカの小学1年生になりました。

＊障害が重い、重複しているなどで通学困難な児童・生徒に対し、教員が家庭や施設《しせつ》、医療《いりょう》機関などを訪問して行う教育を訪問教育といい、その学籍《がくせき》を訪問籍という。

看護師の採用がなかなかうまくいかなかったようで、ぎりぎりになりましたが、入学時には、看護師と特別支援教育アシスタント（以下、アシスタント）の配置も決まりました。

学校内のことは学校が対応していくことに

入学式の次の日、何を認識ちがいしていたのか、担任の先生が「正木君はお母さんといっしょに勉強します、アシスタントの先生はそれのサポートですね」と言ったので、これははっきり「つきそいはいずれ早い段階でなくなる（はずなので）、親は介助《かいじょ》をしません！」と言わねばならんと口を開こうとするより一瞬《いっしゅん》早く、篤《あつし》は顔を真っ赤にしておこり出しました。手にも足にも体全体に力を入れて吸気の侵入《しんにゅう》を拒み、呼吸器の緊急《きんきゅう》アラームを高らかに鳴らしました。これには先生のみならず、私自身もびっくりしました。彼《かれ》のできる最大限の抗議《こうぎ》「い・や・で・す‼」でした。あわててアシスタントの先生が言います。

「ああ、わかったよ、ごめんよ、正木君。先生といっしょに勉強しよう」

こうして、学習面のサポートは全面的にアシスタントが担当

みんないっしょにピカピカの小学１年生

することとなりました。アシスタントの先生は、篤の手を持ちいっしょに字や絵を書いたり、教科書や教材を篤の視界の見やすい位置にポジショニングしたり、移動時に車いすをおすことなど、篤がほかの子と同じように教室内で学習できるよう、すべての動作の補助をします。

学校看護師との出会い

篤《あつし》の小学校入学に際して、教育委員会は、2名の看護師を採用しました。常時1名の交代制です。それぞれと最初にお会いしたとき、二人ともが言われました。

「あつしくん、今日からよろしくお願いします。お母さん、これから何度も同じことを聞くかもしれません、何でもかんでも聞きます。あつしくんのこと、いろいろ教えてくださいね」

私はいっぺんに二人のことが好きになりました。それまでもたくさんの看護師を見てきて、下手《へた》に「私できますよ」というタイプではなく、いくらキャリアがあったとしても、対象者その人その人の状態や、何よりパーソナルがちがうことを基本にもって、一から学ぶ看護姿勢をもっている人のほうが圧倒的《あっとう》に信頼《しんらい》できることを知っていたからです。それに、篤自身が、最初に自分の目を見てあいさつをしてくれたことに満足したようでした。

看護師もパイオニア

それぞれ、豊富な看護経験をおもちの二人でしたが、学校現場は未知の世界でした。

看護師にとって、情報共有いわゆる「報告・連絡《れんらく》・相談」は基本中の基本でしたが、学校という社会は、案外、担任の先生のひとり親方みたいなところがあって、指示系統がはっきりせず、最初からずっと苦労の連続だったと思います。うちの子の場合は、看護師が一日の途中《とちゅう》で交代することが多く、その交代時にしっかりそれぞれの担当時のようすや、朝、保護者から引きつぎした在宅時のことがらを共有してくれています。学校で何人といった配置ではなく、篤《あつし》個人に対して配置されているので、常に篤のいる空間（教室・運動場・体育館など）にいてくれ、痰《たん》の吸引や、昼食時の注入の医療《いりょう》的ケアをはじめとして、冬場に低体温になりやすい篤の体温調節など、適宜《てきぎ》、対応してくれています。

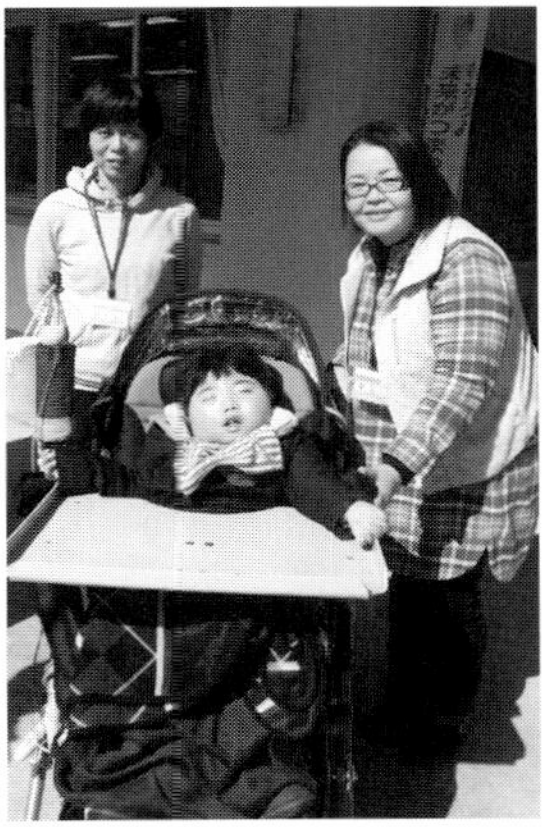
二人の看護師さんと

看護師に限らず、学校という場にいわゆる医療的ケア児が入学し、それにともない、看護師とアシスタントが配置されるというケースはまだまだ発展途上《とじょう》であり、だれが何を統括し、どう連携《れんけい》していくのか、何もかもが手さぐり、模索《もさく》の連続の日々でした。

医療的ケアに関しては、すべて看護師に任せればいいのだろう、という学校側の姿勢がどうしてもぬけきらず、「実際にケアをするのは看護師だとしても、そのフォローなどは教職員もしてほしい。そのためには知らないではなく、知ろうという姿勢、正しい知識を得る機会を！」という働きかけを学校側にしてくれ、今では年に数回、教職員対象の研修を看護師主導でしてくれています。

親の知らない「篤の時間」がない！

看護師が配置されたといっても、すぐに保護者のつきそいははずれるわけではなく、篤《あつし》自身のようすと支援《しえん》体制の成熟度に合わせて段階的に進んでいきました。同じ空間にいると、篤はいつまでたっても「何だかんだいって、おれには母さんがおるけぇ」とあまえた部分を見せていました。だいたい、それまでの彼《かれ》の人生、親が彼のすべてを把握《はあく》し、彼にはいわゆるプライバシーがないというか、友達や先生たちとの世界にまで親が入りこんでいる状況《じょうきょう》でした。変な話、私はすべてのできごとを知ってしまっているので、篤に関心がもてないというか、帰宅してもごくあたりまえの「今日一日どうだった？　なんかおもしろいことあった？」の会話が皆《かい》無《む》なのです。それって私たち親子関係にとってよいわけない、これは早急におたがいの視界からは消えなければいけないと感じました。

段階的に親のつきそい解除へ

ですので、篤《あつし》・保護者と看護師の信頼《しんらい》関係が築かれ出したらすぐ、入学後2か月ほどで、保護者は別室待機となり、休憩《きゅうけい》時間や給食時間にはようすを見に行く形になりました。その後、保護者の用事があるときなどの一時外出や、学校には待機しているが、教室には姿を見せないで、つきそいはないものとしてのシミュレーションなどをくりかえし、ようやく4年生の9月から完全につきそいは解除となりました。

別室待機から完全解除まで、思ったより長い時間がかかったのは、学校管理職・担任・看護師・アシスタントの連携《れんけい》体制がなかなかスムーズに構築できなかったことが最大の原因だと思われました。特に違法性阻却事由《いほうせいそきゃくじゆう》＊の観点がなかなか厳しく、もし、看護師に突発《とっぱつ》的な何か不都合が出た場合や短時間の不在時に、篤の呼吸器のホースがはずれたといった場合の接続などは、いちばん近くにいる大人が行う、という部分の学校・教育委員会などの理解を深めてもらうという高いハードルがありました。

親はいなくてもすぐにへっちゃら

そういう「オトナの事情」はいざ知らず、親のいないところで、篤《あつし》はどんどん

＊原則として、呼吸器回路がはずれたときの再装着や、カニューレがぬけてしまった場合の再挿入《そうにゅう》などは、医療行為《いりょうこうい》であり、医療職以外は実施《じっし》できないが、非医療者しかその場におらず、それを実施しなければ対象者は死亡するといった場合には、実施したとしても罪に問われない。

精神的にも成長していきました。最初のうちこそ、「母さん、どこや?」という感じだったそうですが、すぐにへっちゃらになり、3年生になるころには、休み時間に顔を出した私が「さっきの授業楽しかった?」とたずねても、知らんぷり。まっすぐに黒板を凝視《ぎょうし》していました。聞こえてないのかなあと思い、もう一度言おうとすると、すかさずクラスメートの一人が声をかけます。

「3時間目の理科の実験、あっくんの机でだけできたやつ、あれおもしろかったよねえ」

すると篤は、ニコ、ニコニコニコ、うんうんうんとするではありませんか。ああそう、母さんより、お友達のほうがええんね、あんたは。と言いながらも、うれしい成長でした。

ハード面では、入学前からずっと要望していたエレベーターもようやく4年生の夏に完成し、それまでの異常に時間のかかる階段昇降機の使用をせずによくなり、篤の授業時間が無駄《むだ》にけずられることもなくなりました。

できない理由を探すのではなく

幼稚園《ようちえん》のころは、親がすべてのことがらに対して、どうアプローチすれば活動に参加できるかを考え実践《じっせん》していたので、ほとんどのことはほかの園児とほぼ同じような体験ができていました。しかし、小学校に入学してからは、義務教育の場で保護者主導ではいけないと考え、学校に考えてもらおうと、最初のうちこそ意見を出していましたが、1年生が終わるころにはほとんど口を出さないようにしました。

学校にお任せするということは、学校にとって都合のよい面倒《めんどう》の少ない方法でよい、ということでは決してなく、どうすれば篤《あつし》がほかの児童と同じように学校生活の活動に参加することができるかを、考えてほしいというつもりでしたが、まったくといっていいほど、伝わっていませんでした。

運動会の団体競技には「正木君もまわりの子も双方《そうほう》が危ない」から、応援《おうえん》席であるテントの下から見学しておくようにと言われたり、遠足で電車に乗車する際も「ほかの乗客に迷惑《めいわく》がかかるから、乗客が多い場合は、正木君だけその次の電車で移動してもらいます」と言われたりしました。この2年生のときはいろんな活動がみんなと同じようにできず、そのたび篤はくやしい、悲しい気持ちを味わうことになりました。この時期の篤は、なんとなく覇気《はき》がなく、学校にいる間はかなりの頻度《ひんど》で寝《ね》てしまっていて、体調がすぐれないのかと非常に心配しましたが、週末になると元気でよく笑い、いろんな表情を見せていました。学校が楽しいか、楽しくないかの問いかけに対して、「楽しくない」のほうに多くまばたきをしてうなずいたりしていたのもこの時期でした。どうすれば安全にみんなと同じようにできるか、いわゆる合理的配慮《はいりょ》の認識が、学校の先生方はまだまだ浅いと感じました。

どうすればいっしょにできるか

反対に子どものほうは、もっとずっとインクルーシブです。校内クイズラリーのとき、2階・3階にも出題の紙がはってあるから参加できないと判断した担任の先生に対してこう言ってくれました。

「あっくん、なんで用紙もろうとらんの？　先生！　正木君にもください！　行けないところは私たちが見てきてあっくんに問題教えるんじゃけぇ」

だれかが持ってきたカブトムシをみんなで見ていたときは、こうでした。

「もうちょっと高いとこに上げたら、あっくんも見えるよね、あ、出してみる？　出して手の上に乗せてあげるわ」

手の上に乗せられた篤《あつし》は、びっくり仰天《ぎょうてん》、ちょっと寄り目になっていて、そんな篤のようすをまわりの子どもたちは観察している、というようなこともありました。

頭をさわられるのがきらいな篤は、さわられるとちょっと動いて抵抗《ていこう》をします。動く篤を見たいから、あるとき何人もで、篤の頭をいじくりまわしていたそうです。看護師さんが「もうそろそろ、やめてあげんちゃい」と言おうとしたとき、篤は両手を外側にバーンとはじいて、みんなをはねのけました。全身全霊《ぜんれい》の「や・め・ろ‼」。一瞬《いっしゅん》、みんなだまりこくってしまい、次の瞬間《しゅんかん》、わーっと大さわぎになったそうです。その一件以来、みんなは必要以上に頭をさわらなくなったそうです（ときどきはさわられているようですが）。

４年生になって、ようやく篤の「できる」をなんとか引き出そうという取り組みをしてくれる担任の先生にめぐり会いました。見学施設《しせつ》などでも、少しの段差なら複数の先生で担いでくれたり「はい」「いいえ」ならゆっくりでも考えながら、答えを出していることに気づいてくれました。そうして、篤はいろんなことを「自分で考え選び取る」ことにChallenge《チャレンジ》（４年生の学年目標）しているようです。

班のメンバーと水やりに

地域で生きるということ

よく家族で外出していると、知らない人（どちらかというと年配の人たち）から「かわいそうに……。ご両親で介護《かいご》されているんですか」とか、「代われるものなら、代わってあげたい。大事にしてあげてください」など、同情心からなのか、わけのわからない話しかけをされることがあります。私たちは、育児をしてこそすれ、介護している感覚はありませんし、篤《あつし》のことをかわいそうだとも思っていませんので、とても違和《いわ》感を覚えます。同じような年代の人でも、同じ学区のおじいさんおばあさんからは、「ええ天気じゃけ、お出かけかいの」と、ごく自然に声がかかります。

またある日、明日は病院受診《じゅしん》で学校を休むと言うと、クラスメートが「え、病院？　なんで？　正木君、どこか悪いところがあるの？」と言ったのです。彼《かれ》はいっしょにすごす学校生活をとおして、篤のことは人工呼吸器ユーザー＝病人なんかじゃないときちんとわかっているのです。呼吸器をつけていても、車いすでも、そのスタイルが篤のスタンダードで、元気にみんなといっしょに学校ですごしているじゃないの、というわけです。

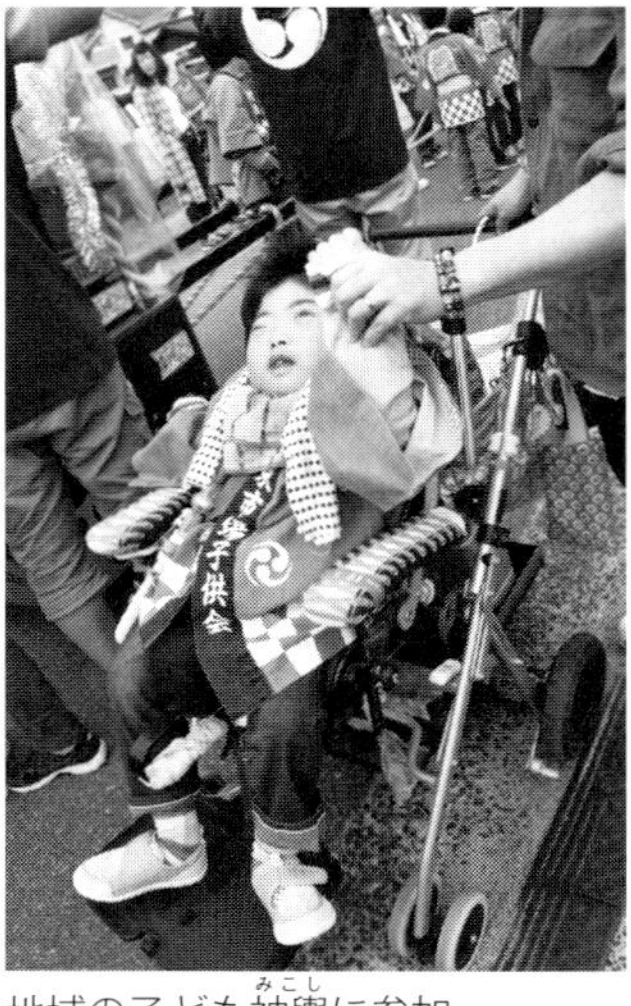

地域の子ども神輿《みこし》に参加

結局これは、「知っているか、知らないか」の差なのだろうと感じるようになってきました。人間、知らないことに関しては、不安感や恐怖《きょうふ》心があり、知っていることには、なじみからくる安心感があるのだろうと思います。毎日、地域の学校に登校し、お祭りやイベントには顔を出す、ときどきは車ではなく電車やバスで外出する、こんなあたりまえのことの積み重ねが、どんどん篤と私たちを取り巻く環境《かんきょう》を豊かなものにしてくれているという実感があります。

向かい風はいつしか追い風に

広島という土地がら、プロスポーツチームも複数あり、篤《あつし》もひろしまっ子のご多分にもれず野球はカープ、サッカーはサンフレッチェを熱狂《ねっきょう》的に応援《おうえん》しています。この本が出るころまでには、バスケットボールのドラゴンフライズも応援に行くそうです。このごろではスポーツ観戦に行くと、すっかりプチ有名人になった篤は、どこかしらで知り合いに声をかけられます。特にクラスメートは、篤を見つけると、「あ！　正木君だ！　こんなところで会えた‼」と、飛んできてうれしそうに声をかけてくれます。篤も「おーっ‼　すげーじゃん、ここで会うなんてさ」と小鼻をふくらませ、目を何度もパチパチさせて大喜びします。おたがい学区をはなれた地域で会うと、同郷の友に出会えた、みたいな気分になるようです。

そんなとき、10年間、この土地で育ち、篤が広げてきた輪を感じます。この輪をこれからももっともっと大きくして、まわりの人をどんどん巻きこんでほしい、最初は向かい風だと思っ

「おーっ‼　すげーじゃん、ここで会うなんてさ」

ていた風はいつしか追い風になっています。今度は篤自身から新しい風を起こす、そんな未来をともに育つ仲間たちと創《つく》っていってほしい、そう願っています。

2 風を切って障害者スキー

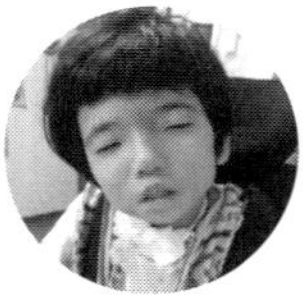

プロフィール

中井　沙耶（なかい　さや）　2008年11月生まれ・小学4年生

仮死状態で生まれ、人工呼吸器によって命を助けてもらう。3か月の入院後、在宅生活を開始。そのころ、難病のメビウス症候群《しょうこうぐん》*と診断《しんだん》がつく。24時間人工呼吸管理・喀痰《かくたん》吸引・胃ろうからの食事となる。執筆《しっぴつ》は母早智《さち》。大阪《おおさか》府在住。

親にできることをしよう

沙耶《さや》は、自分で呼吸をする能力をもたずに生まれてきて、すぐに人工呼吸器を装着することになりました。口も開かない状態で危うく誕生死になるところでしたが、小児麻酔《ますい》専門の先生との連携《れんけい》もあり、無事に呼吸器の挿管《そうかん》に成功。命をつなぎとめることができました。

ＮＩＣＵ（新生児集中治療《ちりょう》室）に入った娘《むすめ》の体にはいろいろなものがつながっていて、だくことやオムツを交換《こうかん》することもできなかった私に唯一《ゆいいつ》できたことは、「母乳をしぼって病院に持っていくこと」でした。一般《いっぱん》の育児とはちがう日常でしたが、お乳をしぼってあたえられるだけありがたい、命がなければ親にできることは何もないのだからと、娘が生きていることに感謝する日々でした。

ＮＩＣＵ／ＩＣＵの看護師さんは、機械の警告音が鳴りひびく中、24時間体制で

＊ 12本の脳神経のうち、6番目の外転神経（眼球を外に動かす神経）と7番目の顔面神経（顔の筋肉を動かす神経）に生まれつきのまひがある病気。指定難病133。

勤務されていました。そんな状態でも、娘のためにかわいらしいオムツ入れを作ってくれたり、呼吸器の気道を確保するためのカニューレを留めるひもをキャラクターの布でぬってくれたり、私の気持ちが明るく前向きになるようにサポートしてくれました。

その後、一般病棟《びょうとう》に移り、看護師さんから娘の日常生活を支える術をすべて教わり在宅生活に移行しました。私の中で、病院の先生や看護師さんがつないでくれた命を絶対になくしてしまわないように守りぬく覚悟《かくご》が生まれました。

ロボットになりたい

在宅生活は想像以上に大変でした。昼夜問わず機械のアラームが鳴るので、分断睡眠《すいみん》のため慢性《まんせい》的な寝《ね》不足と沙耶《さや》の体調管理で神経が張りつめていました。

開口幅《はば》がゼロだったので、口の筋肉のマッサージをして歯が生える空間を確保しなければならなかったり、全身の動きを促進《そくしん》するためのリハビリをしなければならなかったり、やることはいくらでもありました。沙耶のために何でもやりたい気持ちはあるのですが、体が思うように動かない日が続き、お世話になっていた府の保健師さんに、「私はロボットになりたい、そしたら分単位で全部やってあげられるのに……」と言ったこともありました。

療育施設で…

沙耶《さや》は、3歳《さい》のころから市内の療育施設《りょういくしせつ》に月1回から通い始め、家ですごすしかなかった娘《むすめ》にとっては新しい世界ができました。人や物とのかかわりが多くなり、楽しい時間をすごすことができていました。

ただ、数年たつと、肢体《したい》不自由児クラスでは障害の軽い子どもは保育園や幼稚《ようち》園に入園するのでやめていき、障害の重い子どもたち数人と大人の保育士さんや医療《いりょう》従事者とのかかわりの毎日で、子どもとふれあうことがほとんどなくなりました。

また、施設の医療従事者の中には、呼吸器や医療的ケアに関して自身の考えをゆずらない人がおり、主治医とともに決めている娘のケアについて、在宅で行っている私たちのやり方にたびたび否定的な意見を言われました。

主治医や私から「沙耶は自発呼吸がまだ弱いので、人工呼吸器は変えなくてもよい」と施設の医療従事者に伝えても、「呼吸器は新しいものに変えたほうがよいのに、親がなびかない」「このままでは沙耶ちゃんがかわいそうや」と私の知らないところでほかの職員や大阪《おおさか》府の保健師さんに伝えていました。私は

4歳《さい》の誕生日に

市の児童虐待《ぎゃくたい》防止連絡《れんらく》会議にあげられ、娘が支援《しえん》を必要とする児童かどうか審議《しんぎ》されました。協議の結果、シロとなったにもかかわらず、その後も納得せずに「呼吸器を変えたほうがいい、沙耶ちゃんがかわいそうだ」と、私が虐待をしていると言わんばかりに、くりかえしていました。

裁判にまで発展

このご時世、親が虐待《ぎゃくたい》を疑われることは仕方がないことです。障害がある子どもの場合は特に厳しい目を光らせて当然だと思います。しかし、判定の結果に納得せず、個人の考えを改めることもなく、疑い続けることは適切ではないと思っています。

そもそも、主治医も「このままでよい」と言っている呼吸器を「変えたほうがよい」と判断するのはなぜなのか、まったくわかりませんでした。沙耶《さや》の状態を何度も説明しましたが、「自発呼吸が上がってきている」という思いこみから、親が望まない時間に自発呼吸を強要されて呼吸器をはずされたりもしました。

在宅生活では、訪問看護師さんやリハビリの先生など多くの医療《いりょう》従事者にお世話になっていましたので、療育施設《りょういくしせつ》でも同じように沙耶の情報を共有してもらおうとしましたが、一部の人には理解してもらえなかったようです。

そして、うまく関係を築けなかったことで虐待を疑われ、説明を求めるも、施設側から組織的とも思われるうその説明を受け続けたあげく、話し合いの場を絶たれ、結果、裁判を起こすことになりました。

市の療育施設は障害のある子どもと親のための施設であるのに、医療的ケアが必要な子どもの親には、施設内でのケアは親がするよう言われました。ほかの親が利用しているレスパイト（子どもとはなれてすごす休息・息ぬきの時間）も、同じようには認められませんでした。娘《むすめ》にとっては必要な療育でうれしい反面、親は疲弊《ひへい》した状態でつきそいケアを求められて、私は施設に通えばよりつかれる時間を送ることになっていました。

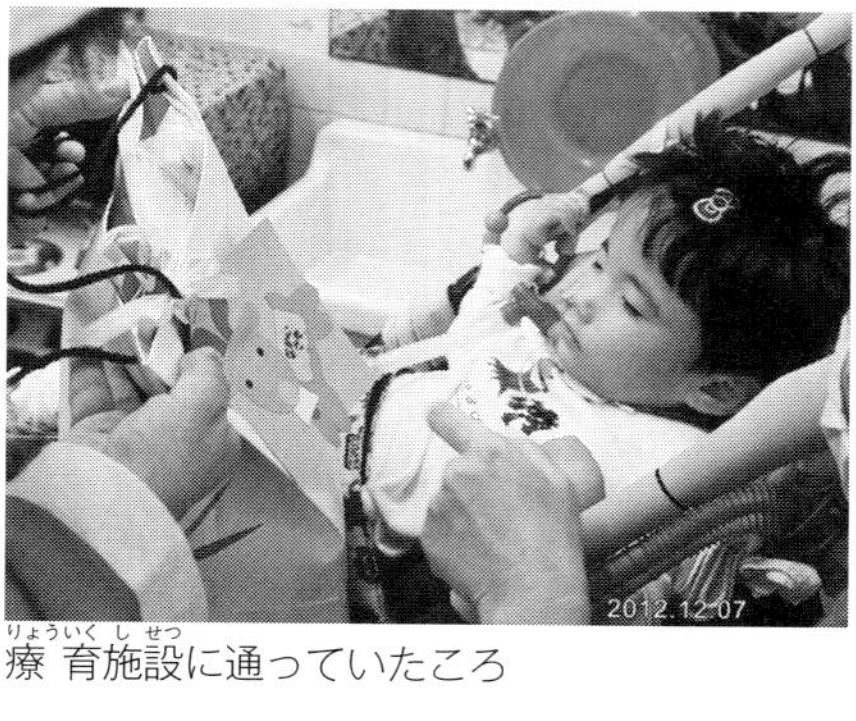

療育施設《りょういくしせつ》に通っていたころ

そして、先の「虐待」に端《たん》を発した虚偽《きょぎ》説明の連続。たがいの信頼《しんらい》も失われ、私は心身ともに疲弊していきました。

保育園の子どもたちから刺激をもらう

どうせつきそうのなら保育園に行きたいと考え、入園を希望しましたが、結果は2年連続で

「待機判定」の不合格。市の担当課に「沙耶《さや》も同世代の子どもたちの中ですごす権利がある」と直訴《じきそ》し、子どもたちとのかかわりを希望しました。

その後、療育施設《りょういくしせつ》に籍《せき》を置いた状態でなら、保育園の体験枠《わく》を使って行けることになり、就学の前年、午前中週2回ですが、保育園にも通いました。

保育園はおどろきの連続でした。子どもたちの動きが速く、先生も子どもも常に走り回っていて、ずっとしゃべっていました。全員がエネルギーのかたまりです。

まわりのことに関心がなかった沙耶が、子どもが走る姿を目で追うようになり、みんなのやっていること、遊んでいるようすも、キョロキョロと観察するようになりました。

体験枠《わく》で保育園に通えるように

折り紙の時間、自分では折れない沙耶に代わって、クラスの折り紙名人の男の子がすごい作品を折り上げてくれたり、園庭で遊んでいるときに、セミのぬけがらでいたずらをしに来た男の子を女の子が追いはらってくれたりと、保育園での沙耶は、大人が介入《かいにゅう》しなくても、子どもたちの中でうまく同じ時間をすごすことができていました。

いたずらする子もいれば、助けてくれる子もいる、そんな子どもたちの中で沙耶もたくましく育ってほしいと願い、地域の小学校に行くことを決めました。

小学校入学、クラスメートとふれあう

沙耶《さや》は小学校に入学し、1年1組になりました。特別支援《しえん》学級（以下、支援学級）籍《せき》ですがクラスですごすことが多く、体のことや病気のこと、ついている機械のことなど、担任の先生からクラスのみんなに少しずつ何度も説明をしてくれ、子どもたちもよく話を聞いて、娘《むすめ》を見たまま受け入れてくれているようでした。休み時間には多くのクラスメートが集まってきて、いろいろ話しかけてくれました。

あるとき、となりの席のRちゃんが沙耶のほおを両手でさわり、「沙耶ちゃんのほっぺたふわふわ！」とさけびました。

すると、集まってきたみんなも次々と両手で沙耶のほおをつかみ、「ふわふわや」「ふわふわや」と連呼しました。みんなから顔をさわられることにびっくりした沙耶は、目を白くして

入学をひかえ、ランドセル購入《こうにゅう》

（白目攻撃《こうげき》）「やめてー！」と意思表示をしていましたが、子どもたちは全然やめることなく、沙耶はさわられ続けていました。

翌日からクラスの子は「沙耶ちゃんおはよう！」と言いながら、沙耶のほおを両手でさわるようになりました。クラスメートのほっぺたも、同じようにふわふわだと思うのですが、沙耶は顔面まひがあるので表情を変えられず、よりほおがふくらんで見えたのかなあ、と思います。

医師からは、「頭をなでてあげるのなら、まひがあるほおをさわって刺激《しげき》を入れてあげなさい」と言われていましたので、これは願ったりかなったりでした。しかし沙耶はいやだったようで、毎日あいさつしてくれる子に白目攻撃で答えていました。

その後は、さわられそうになったら首をサッと動かすことを覚え、子どもたちの速い両手の動きを見て、沙耶も同じように速くよけられるようになりました。またクラスでは四方八方から声がするので、どこからだれがしゃべっているのか、声のする方向をしっかり追い続けていました。

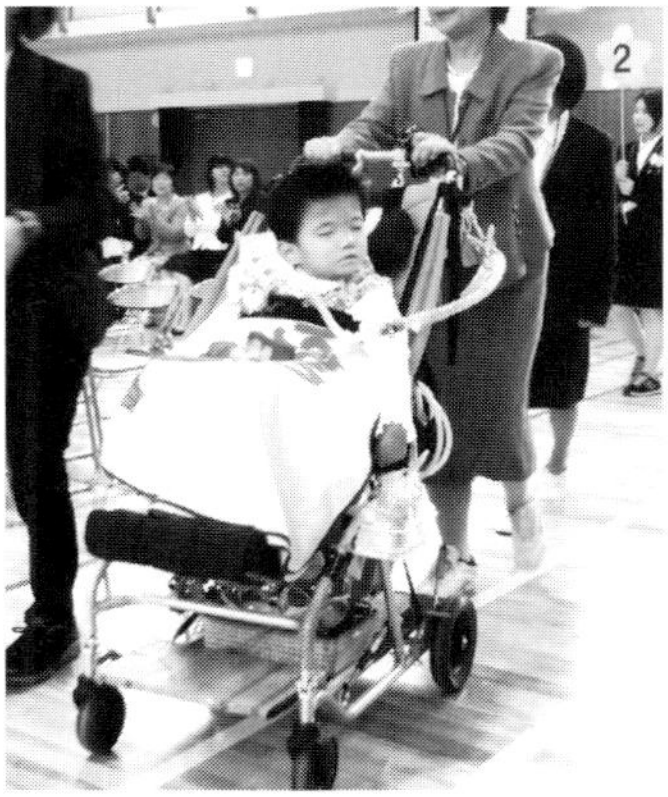

1年1組に入学

これらのおかげで首が座り、そして、体幹もきたえられていきました。リハビリでは集中力がなくなったりなまけたりしていたのですが、学校の刺激ある教室が沙耶の発達にとてもよい環境《かんきょう》だったのです。

沙耶のことを知る人が増えて

毎朝、学校へ片道10分ほどの通学路を沙耶《さや》といっしょに行くのですが、途中《とちゅう》、駐輪《ちゅうりん》場を整理しているおじさんが「おはよう。行ってらっしゃい！」と声をかけてくれるようになりました。高学年の児童に「弟から話聞いてるでー」と言ってもらえたり、近くの病院でも看護師さんから「もしかして、中井《なかい》沙耶ちゃん？　姪《めい》っ子が同じクラスでね、呼吸器の沙耶ちゃんのこと、聞いてるよ」と声をかけてもらったりしました。

地域の学校に入学するということは、こんな素敵な広がりがあるのか！　とおどろきました。クラスの子どもたちが沙耶を知ってくれて、家族や親戚《しんせき》の人にも沙耶のことを伝えてくれて、理解してくれる人々が地域で増えていく、こんなありがたいことはありません。

帰りの通学路は宇宙！

小学校からの帰り道は、できるだけ前の児童を追いぬかないように、同じ歩幅《ほはば》で帰るようにしています。さまざまな学年の子どもたちと出会え、話しながらいっしょに帰ることができます。

風の強い日に、沙耶《さや》のひざかけがフワアーッとめくれ上がったとき、前を歩いていた高学年の児童がふりむいて、サッと元にもどしてくれて「おばちゃん、ちゃんとここ下で止めとかなアカンで！」と弱点も指摘《してき》してくれます。

サラサラの砂にみんなが群がっていたら、沙耶にもさわらせてあげようと両手ですくって近づいて来てくれたり、通学路はみんなと寄り道しながら、「子どもの時間」をすごしています。

COLUMN

親のつきそいについて

小学校でも、私は1年8か月の間、学校での親のつきそいを経験しました。

1年生のときは、看護師資格のある介助員《かいじょ》さんが常時2名体制で沙耶《さや》の学校生活をサポートしてくれていて、看護師さんたちが慣れれば、親のつきそいはなくなるという説明を学校から受けていました。1年生の5月ごろから、常時いっしょにいなくてもよくなり別室待機となりましたが、看護師さんや学校の漠然《ばくぜん》とした不安が解消されなかったり、看護師さんが辞めてしまったりで、結局2年生の12月まで学校に待機を求められました。

初めてのジャンケン

夏の日の帰り道、クラスの男の子5人くらいが集まっていました。

「おう、沙耶《さや》ちゃん、いっしょにランドセルジャンケンしよう！」とさそってくれたので、ランドセルをわたしました。

沙耶は、特別に教科書を学校に置かせてもらっており、ランドセルは空でした。みんなは「かっるー！」と言いながら「おれが持つ」「おれが持つ」とジャンケンする前から取り合って持ってくれましたが、きちんとジャンケンしよう！　ということになりました。

「沙耶はね、自分でジャンケンできないのよ」と言おうとしたとき、Dくんが沙耶の手をにぎって「こうやって沙耶ちゃんの手を持ってジャンケンした人が、沙耶ちゃんのなっ！」と言い、ほかのみんなも「うん！」と答え、「沙耶ルール」の入ったランドセルジャンケンが始まりました。

「ジャンケン、オイ！、オイ！、オイ！　あいこでオイ！、オイ！……」

沙耶は、生まれて初めてジャンケンをしました。ちょっと乱暴な言葉とは裏腹に、自然な思いやりが感じられる温かい輪の中でのジャンケンでした。

ところが、しばらくすると、クラスの女の子たちが後ろからやってきて、言いました。

「ランドセルジャンケン、やったらアカンでー！」

「道をふさぐから学校で禁止されてるで！」

「先生におこられるで！」

男の子たちはすぐに反論し言い合いになりましたが、正論を主張する女の子が圧倒的《あっとう》に勝利し、沙耶も男の子たちといっしょに注意を受けることとなりました。

やってはいけないランドセルジャンケンを、いっしょにやろうとさそってくれた男の子たちにも、みんなと同じように注意をしてくれた女の子たちにも、私は心の中で感謝しました。子どもたちの世界はどんな人も平等です。忘れられない一日となりました。

塾の勧誘グッズをめぐって

1年生の秋ごろ、下校時に某《ぼう》有名塾《じゅく》の勧誘員《かんゆう》に出会いました。2人ほどが学校の校門に立ち、案内のふくろをわたしていきます。子どもたちは全員もらっていましたが、私と沙耶《さや》が前を通ったとき、勧誘員は手をサッと引っこめました。

彼《かれ》らは娘《むすめ》を見て「営業対象の児童ではない」と判断したのだろうと思います。こういうことはよくあるので、別にいやな気になることもありません。沙耶を塾に通わすつもりもなかった私は、気にも留めずに通り過ぎました。

少し先にクラスの子どもたち5人くらいが歩いていて、いっしょに帰ることになりました。

全員、手には塾の案内のふくろを持っていました。

Mちゃんが「沙耶ちゃんももらった?」と聞くので、私は「もらってないよ」と答えました。すると、「なんでもらってないの?」と言います。「配ってくれなかったの」と、ふつうに答えたのですが、Mちゃんは、ちょっとおこり気味に「1年生みんなに配ってくれてたのに、なんで沙耶ちゃんに配ってくれへんの?」と言ってきました。

「なぜ沙耶に配ってくれなかったのか」、その答えは私はよく理解できていましたが、それを子どもに説明するのはちょっとむずかしい話になるなあと思い、「全然だいじょうぶやで。沙耶はね、塾に行かないから案内はいらないのよ」「もらわなくてもだいじょうぶやねん」と答えました。


「沙耶ちゃんも欲しかったんとちがう?」


Mちゃんはしばらく考えたあとで、「あんなー、おばちゃん」と声をかけてきました。その声はゆっくりとした低音で、さっきよりおこっていました。

「塾《じゅく》に行くとか行かへんとかと、ちがうねん!」

「1年生みんなに配ってくれてたんやから、沙耶《さや》ちゃんも欲しかったんとちがう?」

私はMちゃんの言葉にハッとしました。頭を何かでガツンとなぐられたような衝撃《しょうげき》で、私は沙耶の気持ちをまったく考えていなかったことに気がつきました。同じ1年生として、何を配っているのかなあ、と思う気持ちがあっただろうに、大人の判断で「これは、いらないからいいや」と……。自身の判断を反省しました。

Mちゃんはまだ止まりません。

「だってなあ、ふくろの中に、消しゴム入っててんねんでー！」

「沙耶ちゃんも授業で消しゴム使うやろ？　欲しかったんとちがう？」

「えーーー！　そーなん⁉」とおどろく私に、みんなは「ほら！」と消しゴムを見せてくれました。「沙耶も欲しかったと思うわ。次からみんながもらっていたら、絶対もらうようにするわー」、そう伝えると、Mちゃんも納得してくれました。

1週間後、同じ校門で別の塾の人が案内を配っていました。今度は、こちらからもらいに行くと、ふくろをもらった沙耶は喜んでバシャバシャと音を立てました。

「あー、こういうことかあ」

思いながらふくろを開けると、クリアファイルが入っていました。

娘《むすめ》の気持ちは、ずっと育ててきた親の私がいちばんわかっていると自負していましたが、出会ってまだ1年にも満たないクラスメートのほうが沙耶の気持ちに寄りそい、理解してくれていました。

子どもたちは、何の疑いもなく沙耶を平等に見ていて、彼《かれ》らの心の中のコンパスはまったくブレずに正しい方向を示す。7歳《さい》の人がもつ、ゆるぎない力強さと美しさを感じました。

学校のインクルーシブ教育は、健常児と障害児が「ともに学びともに育つ」だけでなく、保護者もふくめた大人もいっしょに教えられることが多く、旧世代の考え方を正してくれるのだなあと思いました。

学校のエレベーターが故障！

朝は娘《むすめ》の準備に時間がかかり、登校時間は1時間目の途中《とちゅう》です。

2年生のある日、学校に到着《とうちゃく》すると駐車場《ちゅうしゃ》に見慣れない車が止まっていました。下校のときに看護師さんがクラスのできごとを教えてくれたのですが、その日は朝から学校のエレベーターが突然《とつぜん》止まってしまい、業者が来ていたそうです。そして、沙耶《さや》が登校する前、学校では朝の会の時間に校内放送が流れたそうです。

「今日はエレベーターが故障しているので使えません。点検をしているので、危ないから絶対に近づかないようにしてください」

この放送が終わるやいなや、娘のクラスの子どもたちは、さわぎ始めたといいます。

「沙耶ちゃん、どうすんの！　どうやって来るん？」

「沙耶ちゃん、学校に来れんやん！」
「エレベーターなかったら行かれへんやん！」
口々にうったえ、みんなが沙耶の心配をしてくれたのです。担任の先生は、その光景におどろきながらも、とてもうれしくなって「前からみんなに言ってるように、ほかの子のことを心配してあげるようになってくれて、先生はとてもうれしいです」と言い、わかったから、とにかく落ち着いて、沙耶ちゃんはだいじょうぶやから落ち着いて、と伝えてくれたそうです。

クラスでそんなことがあったなんてまったく知るよしもなく、沙耶は先生や介助員《かいじょ》さんたちにかかえてもらって階段を上がり、無事クラスに到着し、みんなも安心したそうです。

4年生までいっしょにすごしてきて…

今年度は担任の先生が、4年生としてできることを何でもやってみよう、と考えてくれ、沙耶《さや》にも給食当番や行事の係ができるように、みんなといっしょに工夫してくれました。

遠足も、介護《かいご》タクシーで別に現地に行くのではなく、みんなといっしょに電車に乗れるよう、バスの遠足ではリフト付

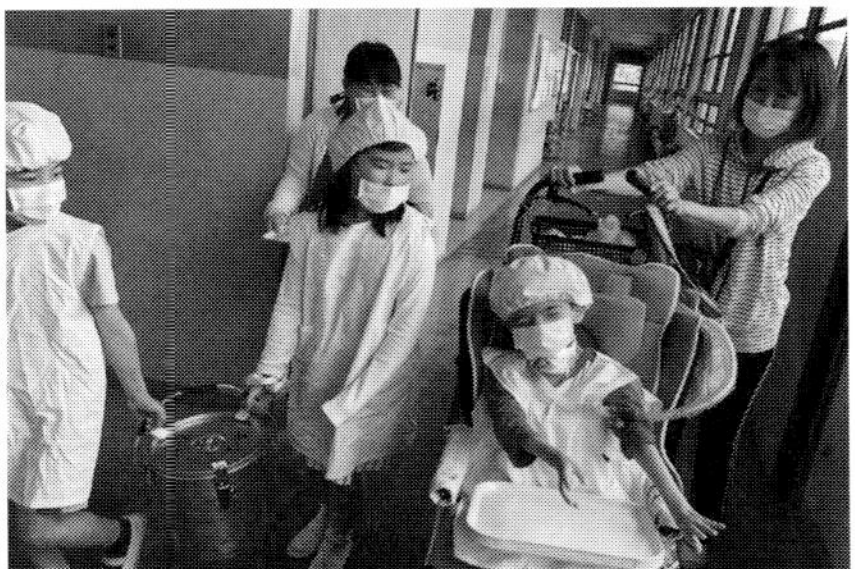

給食当番でお盆《ぼん》を運ぶ

きバスを手配して同じ行動ができるよう、はからってくれました。

学校からみんなで駅に歩いていたとき、沙耶がエレベーターに乗るため、列をはなれてちがう方向に進んでいくのを見て、クラスメートが「なんで沙耶ちゃんだけあっちに行くの？」とたずねたそうです。先生が「駅って2階にあるやろ、エレベーターが近くにないのや」と答えたら、「えー！　なんでないんや！」と言い、現地に着いて川岸に下りるとき、階段しかなく沙耶が遠回りをしているときにも「ここもスロープがないんやなあ」と言っていたそうです。

班ごとに発表をする

クラスのみんなは、教室ではいっしょにいることがあたりまえになっていて気づかないけれど、校外学習でいっしょに行動すると、バリアフリーではない場所の多さに気づくようで、先生は、みんなにとってすごしやすい社会になっていったらよいですね、という話をしてくれたそうです。
先生は「子どもたちは4年生だから気づくのではなくて、1年生からずっと中井《なかい》さんといっしょにすごしているから、そういうことに気づく土台も育ってきていると思います」と話してくれました。

問題があればまわりの環境を変更するという考え方になった

クラスの座席にも変化がありました。沙耶《さや》は福祉《ふくし》用具の大きないすに座るので、いつもいちばん後ろでしたが、今ははしの列の真ん中の場所です。

「席変えのとき、沙耶ちゃんの可能な席もあるのでは、とみんなで考え、いちばん前とかもチャレンジし、今ははしの列の真ん中でいけています。後ろの席のAさんに『見える?』と聞いたら、『黒板はななめに見るからだいじょうぶ、見えにくかったら私が横に動けばいい』と答えてくれて、沙耶ちゃんはそのままでよい、問題があればまわりの環境《かんきょう》のほうを変更《へんこう》するという考えになってくれています」と先生は教えてくれました。

沙耶は、「学校が大好き」「クラスのみんなのことが大好き」といつも手を挙げて教えてくれます。それは沙耶がどうしたいかを言えなくても、自然に「同じようにしたいよね」「どうやったらできるかな」と考えて行動してくれる、たくさんの友達や先生がいるからだと思っています。

英語の授業で、カード取りのゲーム

COLUMN

沙耶と胃ろう

沙耶《さや》は小学校入学の前年に、おなかに穴を開けて胃ろう造設の手術をしました。生まれつき口が開かず、重い開口障害があり、鼻から胃まで管を入れて栄養剤《ざい》を摂取《せっしゅ》していましたが、わずらわしいのか頻繁《ひんぱん》にその管を引きぬきます。そのたびに管を入れるのも大変でしたが、何より本人がいやがっているようでした。また、家族と同じごはんを食べさせたいと思うようになり、胃ろうを決断しました。

胃ろうからとる食事は、市販《しはん》されている液状の栄養剤を入れる方法と、ふつうの食事をミキサー（ブレンダー）にかけてペースト状にし、それを流しこむ方法とがあります。後者では、胃ろうをつけていない人と同じ食事をとることができますし、感覚器官を通じて、色や香りを楽しむこともできます。沙耶も味を楽しんでいるようで、メニューの好ききらいも伝えてくれるようになりました。

小学校で給食を食べることはあたりまえではなかった

学校に入学するにあたって、市の教育委員会より、必要な物品のリストを出してくださいと言ってもらい、支援《しえん》教室に給湯器付きの流し台や、給食を撹拌《かくはん》するためのブレンダーも挙げさせてもらいました。

しかし最初から順調に、給食を胃ろうから食べられたわけではありません。学校からは、「給食は週に1回からとします、ほかの日は栄養剤《ざい》（ラコール）でお願いします」と言われました。

理由は、沙耶《さや》の食物アレルギーだそうです。アレルギーがあるほかの児童と同じく、学校ではアレルギー食材を除外した給食（除去食）を出してくれているのですが……。

「まちがって混入しても撹拌してしまうので気づきにくい」

「人工呼吸器をつけている人に、アレルギーショックが起こったら、命にかかわる」

「何かあったら取り返しがつかない」

「春から調理員が変わり、まだ業務に慣れていないので、まちがいがあるかもしれない」

……とのことでした。アレルギーショックが起これば、人工呼吸器利用者でなくても、どの児童でも命にかかわるし、調理員さんが業務に慣れていないのなら、ほかのアレルギーがある児童に除去食を提供するのも危険なことではないのか、とたずねるも、沙耶だけが危険だ危険だと言われました。

おかしな理屈《りくつ》ではありましたが、話を聞いていて、学校側が本当にこわくて不安で仕方がないのだなあと思いました。漠然《ばくぜん》とした恐怖《きょうふ》心でいっぱいの状態の人に心から安心してもらうために、沙耶には申し訳ないけれど、はじめのうちは給食を週1回からとして、安全を確認してもらえたら毎日給食を食べるようにしてください、ということで了承《りょうしょう》しました。

かくされた胃ろう

給食を食べるときは、学校の看護師さんがブレンダーで撹拌《かくはん》して注入してくれるのですが、いつも支援《しえん》学級の教室で、同級生の肢体《したい》不自由の子と二人でのお昼です。その教室は支援学級の先生の職員室でもあり、クラスの子どもたちが来ることはありません。

みんなといっしょの教室で、沙耶《さや》も給食を食べたいと思う、とお願いをしましたが、学校からは、沙耶ちゃんの、胃ろうから食べるところを子どもたちには見せられないと言われました。ちょうど春の遠足があり、みんなでお昼ごはんを食べるにあたって学校から話がありました。

「お弁当を食べる前の、みんながまだ遊んでいる間に、沙耶ちゃんだけはなれたところで先に胃ろうからラコールを注入します。そして、みんながお弁当を食べているときに、沙耶ちゃんも合流していっしょに写真をとるようにします」

思わず言いました。

「そんなん、うそですよ！　写真だけ見たらいっしょに食べたかのような演出はいりません。胃ろうをかくすようなことをせずに、みんなの中で同じお昼時間に注入してほしい」

すると、

「沙耶ちゃんの胃ろうからごはんを食べるところを子どもが見たら、きっとびっくりすると思います。大人でも病院で体に管がつながった人を見たら気持ち悪いと思う人もいます。7歳《さい》の子どもに理解するのは無理です」

学校からの説明の言葉はとてもショッキングでしたが、確かにびっくりする子どももいるだろうし、言いにくいことを正面から本音で話してくれたことに感謝する気持ちもありました。

しかし、学校でだれ一人胃ろうへの理解がない、余裕《よゆう》がないのかもしれないが手っ取り早く「分離《ぶんり》」という選択《せんたく》になっている、どうやったらわかってもらえるのだろうか……と、夫婦でなやみました。

胃ろうへの理解を求めて

遠足まで2週間ありましたので、私は、学校あてに要望書を書きました。

「沙耶《さや》の胃ろうを7歳《さい》の子どもが理解するのは無理とのお考えですが、7歳の子どもだから、何の偏見《へんけん》もなく『そういうもの』として理解できることがあると思いますし、理解できるような言葉で先生方から説明をしていってほしいです。大人のほうが、偏見や拒否《きょひ》感をもっている場合があり、理解するのが困難です」というような内容でした。

すると、学校から返答がありました。

「お手紙を読みました。お母さんの思いはわかりましたが、学校はすべての子どもの責任をとらないといけないのです。沙耶ちゃんの胃ろうからごはんを食べるところをほかの児童が見て、その子がごはんを食べれなくなったら、お母さんはどうやって責任をとるつもりですか。そうなったとき、学校は責任をとらないといけないのですよ。遠足でも、沙耶ちゃんがみんなといっしょに食べることはできません」

私は何も言い返すことができませんでした。その日から、私は親として、食べられなくなったお友達に、どうやって責任をとろうかということばかり考えるようになりました。

「その子の家に謝りに行こうか」

「おかしでも持っていこうか。しかし、食べれない子におかしはだめだろう……」

「では、おわびに現金（慰謝料《いしゃりょう》）を包もうか……」

ぐるぐると頭をなやませて、一月後、学校に伝えに行きました。

「食べる」ことの原点は…

「先生、沙耶《さや》の胃ろうを見て、ごはんが食べれなくなった子どもさんがいても、学校も、沙耶も、私も、だれも責任なんかとらなくていいんです。『食べる』ことは『生きる』ことです。そのためには手段は選びません。

沙耶は口から食べることができないから、生きるためにおなかに穴を開けて食べています。私たちも生きるために、ほかの生き物を殺して命をもらっています。自分が食べているお肉は、鳥や豚《ぶた》を殺している、と知った子どもが一時的にごはんを食べれなくなるのと同じで、だれの責任でもありません。沙耶の胃ろうのことも、みんなに理解してもらえるように、先生から少しずつ説明をしてください。そして秋の遠足では分けられることなく、いっしょにお弁当の時間を共有させてほしいです」と伝えました。

子どもたちに説明へ

春の遠足では、胃ろうはかくされましたが、その後、学校が考えを変えてくれました。「秋の遠足に向けて、子どもたちに胃ろうの説明をしていきます」という連絡《れんらく》をもらいました。小学校低学年の児童に理解させるためには、時間をかけて何度もていねいに説明をしたいので、時間をもらいたい、とのことでした。学校の方針転換《てんかん》に、私たちはとてもうれしく思いました。

給食の時間に担任の先生が、みんなも離乳《りにゅう》食を食べていた話から始め、沙耶《さや》の障害についての話をしてくれたようです。そして、各班ごとに、沙耶のペースト状の給食を見せてまわってくれたようです。子どもたちは初めて知ることでしたが、みんな真剣《しんけん》に聞いていて、沙耶が胃ろうから給食を注入しているようすを見ても、給食をふつうに食べていたそうです。

1年生は2クラスあり、沙耶のクラスとはちがうクラスの子どもにも、同じ手順で説明をしてくれました。しかし、ふだんいっしょにすごすことがほとんどないクラスの子どもたちの反応は、まったくちがったそうです。私は別室待機をしており、のちに学校から聞いたのですが、差別的な言葉もいろいろ飛び交ったようです。

「ふだんからいっしょにすごすことの大切さと、私たち教師は人権教育をもっとやっていかなければいけないということを思います」

そう言われました。初めて胃ろうを見たら、最初は大人も子どもも心にいろいろなことを思うし、口にすると思います。その場面をおそれずに前に進んでいくことが重要で、その後、理解を深めてもらうことがいちばんの目的です。学校は、将来の「みんなが暮らしやすい社会」につながる人間の核心《かくしん》部を育んでくれていると信じています。

秋の遠足で

秋は動物園に行くことになり、班行動でした。親のつきそいがまだありましたので、私も沙《さ》耶《や》に見えないように後ろをついて行きました。

お弁当の時間、みんなといっしょの場所で横になり、沙耶は看護師さんに栄養剤《ざい》のラコールを胃ろうから注入してもらいます。はなれたところから見ていると、班の男の子たちは全員、お弁当のふたを開けたまま、食べずに、沙耶の胃ろうに注目して、看護師さんが行う手順を食い入るように見ていました。

しばらくして気がすんだのか、みんなは、大急ぎで食べ出しましたが、注入を最後までずっと見ていた子もいました。おなかに穴が開いていることに興味があるのだろうと思いますが、子どもたちは、沙耶のありのままの姿を肯定的《こうてい》に受け入れてくれているように見えました。

親の要望と学校の事情と

秋の遠足ではみんなといっしょにお昼ごはんを食べることができましたが、1年生のときは、依然《いぜん》クラスでいっしょに食べることはありませんでした。給食を食べる回数も増えたとはいえ、週3回まででした。

「沙耶《さや》も、毎日給食を食べたいです」

「沙耶も、クラスに入って、みんなといっしょに食べたいです」

小学生のあたりまえの要望をうったえ続けました。

2年生になり、給食は毎日提供されることになりました。しかし、クラスでの給食はなかな

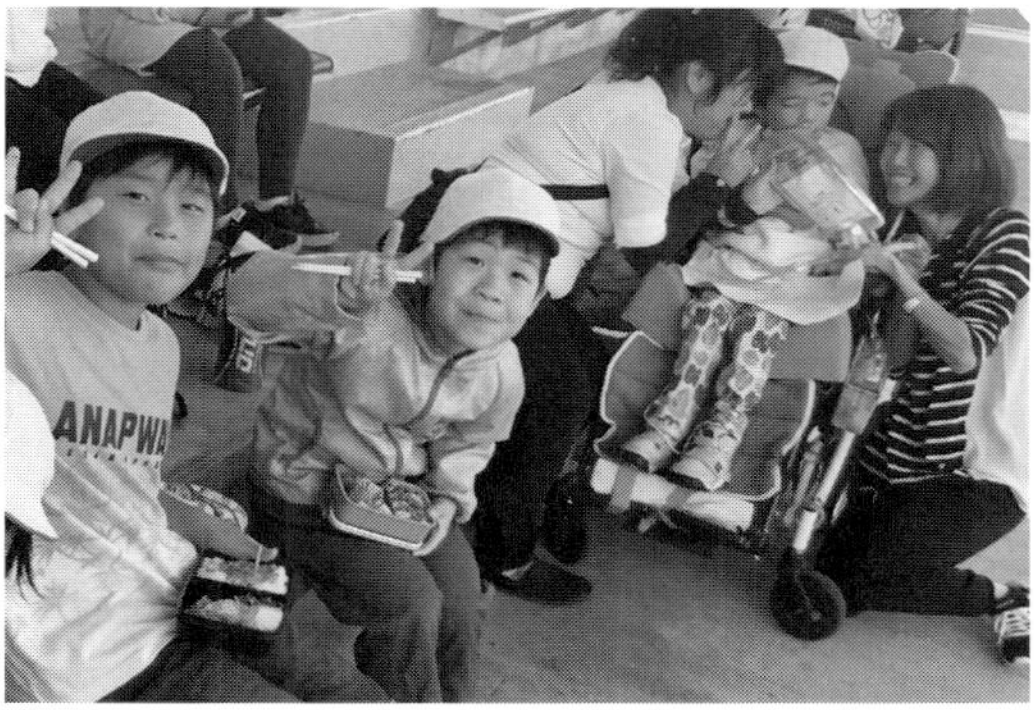

4年の遠足でのお昼タイム。ラコールを注入してもらう

か実現せず、遠足前に数回いっしょに食べるだけでした。私は、月に数回からでもいいので、定期的に継続《けいぞく》してもらいたい、とお願いを続けました。

クラスで沙耶が給食を食べることがむずかしいことの一つに、学校の事情もありました。沙耶には常時2人体制で看護師資格のある介助員《かいじょ》さんがついてくれていましたが、クラスで給食を食べるとなると、通常以上の人手といろいろな手間がかかります。学校では多くの支援《しえん》が必要な児童に対して、先生方の人数も介助員さんの人数も圧倒《あっとう》的に足りていませんでした。人数が少ない中でも先生たちは、トイレに行く間もないほど、休み時間も子どもに勉強を教えています。学校で待機中に、そんな先生方の激務を目の当たりにしていました。

胃ろうの件一つとっても、沙耶には支援をしてくれる人が必要で、その人に理解してもらうことのむずかしさがありました。余裕のない学校で、相互理解を確立させるむずかしさです。

「どうやったら、どんな言葉を使えば、うまく相手にきちんと伝わるのだろう」

手探りの答えを求めて、私は悶々《もんもん》とした日々をすごしました。

教室で給食スタート

2年生の3学期から、念願の教室での給食がスタートしました。月に数回からですが徐々《じょじょ》に回数を増やしていく予定とのことでした。

担任の先生や新しく来た看護師さんたちが、給食時の沙耶《さや》のようすやクラスのようすを細かく教えてくれ、私も学校も、安心と信頼感《しんらい》が増していったような気がします。

現在、4年生になった沙耶は、週の半分は教室でみんなと給食を食べています。給食がパン食のときは、ペースト状にしても注入しやすいのですが、ごはんの日は、すぐに注入しないとのり状になってしまい時間調整がむずかしいのです。運動会の練習やプールの準備の時期など、授業の都合に合わせ臨機応変に対応してもらっています。

子どもたちの姿に喜ぶ

春に毎年行われている他学年との給食交流会に向けて、クラスで沙耶《さや》の胃ろうの説明をしに行く人をつのったところ、8人の子どもが手を挙げてくれたそうです。いつもは先生が説明していましたが、今回、クラスのみんなもできるよね、と提案されたもののようです。

後日教えてもらったところによると、8人の子どもたちはそれぞれ言うことを家で考えてきていて、先生は胃ろうのことを説明するのかなと思っていたら、沙耶がふだんの授業でどんなふうに勉強をしているか、どんなことをがんばっているか、いつも困っていることは何なのか、ということもいっしょに発表したそうです。「胃ろうのことだけではなく、生活全体を理解してもらうために必要なことを、たくさん伝えてくれました!」と、先生は話されました。

先生もびっくりされていて、沙耶といっしょにクラス全体の成長を見ることができました、とも言ってくれました。

クラスの子どもたちから説明を受けた5年生も真剣《しんけん》に聞いてくれ、質問もあったそうです。そして、給食交流会の当日、沙耶も5年生たちといっしょに給食を食べて、ゲームもして、楽しい時間をすごして帰ってきました。

「どうやった？　楽しかった？」と聞くと、こちらをしっかり見て、目をパチクリさせながらYES《イエス》の意味の手を大きく挙げて「楽しかった」と答えてくれました。

沙耶の胃ろうをクラスの子どもたちが正しく理解し、その子たちからほかの学年に説明もしてくれるような環境《かんきょう》ですごせるとは……。こんな未来が来るなんて、1年生のときには想像もできませんでした。

雪山の寒さはだいじょうぶ？

学校では5年生になると、校外学習で鳥取県の大山《だいせん》へ「スキー合宿」に行きます。

1年生のとき、学校とスキー合宿について話す機会があり、そこで出てきた言葉は、「沙耶《さや》ちゃんも行くのですか」でした。

……んん？

3年生のとき、同じく学校より、「大山は極寒地なのでとても寒く、ものすごい雪です。呼吸器などの機械や沙耶ちゃんの体は、寒さにはだいじょうぶなのですか」と問われました。

「支援《しえん》学級の児童の保護者には、現地の寒さがだいじょうぶかどうか事前に行ってきてもらうこともあります」

「寒いので、スキー合宿を欠席すると決める保護者の方もいます」

そのときにいろいろ話をしましたが、要約すると、冬の大山に行ってきてほしい、というものでした。なぜ障害児の親が、事前に自費で現地に行かないといけないのか、と思いましたが、確かに娘《むすめ》と雪山に行ったことはなかったので、私自身も、寒さがだいじょうぶかどうかなど、断言できるほどの情報はもっていませんでした。先生方が娘の体と機械を心配してくれていたので、こうお願いしました。

「2年早いのですが、今年度のスキー合宿時に、沙耶とともに私たち家族も同行するので、先生方が沙耶の状態を確認して対策を考えてください」

すると、こう言われました。

「それはできません。スキー合宿時は、スケジュールが決まっていて余裕《よゆう》がないので、学校ぬきで、個人として行ってください」

……んんん？

スキーもできず、学校の先生もおらず、私たちだけで沙耶と機械がだいじょうぶかどうか、寒い外でただ時間をすごすだけのために、雪山の大山に行ってこいと？

スキー合宿を欠席する理由は見当たらず…

このようなやりとりから、今までどれほどの障害児の親が、スキー合宿の欠席を選択《せんたく》したのだろうか、と思いました。

ふだんから寒さに弱く、免疫《めんえき》も弱く熱が出るような体で頻繁《ひんぱん》に学校を欠席しているのであれば、休ませようかと考えるのかもしれませんが、沙耶《さや》は風邪《かぜ》もひかず毎日元気に登校していたので、学校行事を欠席する理由はありません。

考えた末、沙耶と機械が問題ないことを証明するために、雪山に行こう、と決めました。なぜ保護者が証明しなければいけないのか、など腑《ふ》に落ちない部分もあり、このときはまだ「仕方ないから行ってやる」感覚でした。

急遽スキー場へ

訪問リハビリの先生が、障害者スキーですべっていた子がいると教えてくれました。

兵庫県ハチ高原スキー場、ホテル「やまとよ」さんに連絡《れんらく》をし、障害者である娘《むすめ》にスキーをさせたい旨《むね》を伝えました。すると、ホテルの人が言います。

「障害者スキーは予約をしてもらえればできますよ。障害のある子どもさんもすべったらみんな喜びます。ただ、うちで泊《と》まってもらいたいのはやまやまなのですが、部屋は畳《たたみ》しかなくベッド等のバリアフリールームはないです。となりのホテル『このはな』さんに泊まられてはいかがですか。バリアフリールームもあって充実《じゅうじつ》しています」

娘は呼吸器をつけているが、ころころ転がって移動するので畳のほうが喜ぶこと、館内はエレベーターがあるのならだいじょうぶなこと、一泊《ぱく》なので娘の入浴はなしでけっこう、と現状でだいじょうぶなことを伝え、冬休み最終の2日間で予約をしました。

急遽《きゅうきょ》スキーに行くことになりましたが、私も夫もスキーをしたことがありませんでした。そこで、バクバクの会のメーリングリストでスキー経験者に情報提供のお願いをすると、呼吸器をつけた子と何度もスキーをした人たちから多くの情報が集まりました。たとえば「子どもや機械の寒さ対策にはカイロで調節する」「防寒シート『スペース暖シート』なるもので包むと暖かい」「スキーウエアを着てカイロもはると、本人は汗をかく場合もあるので暖めすぎにも注意」などなど。

教えてもらった情報により必要なものを買いそろえ、特急電車と介護《かいご》タクシーの手配も整え出発しました。

スキー初体験

スキー場へは交通機関の乱れもあり、おくれて到着《とうちゃく》しました。ホテルではインストラクターさんがずっと待ってくれていました。当初は1人の予定でしたが、個人的にすべりに来ていた同じスキークラブの人も加わり、3人ですべってくれるとのことでした。娘《むすめ》も大急ぎでスキーウェアに着がえ、カイロや防寒シートで装備し、午後3時すぎに、障害者スキー（バイスキー）に乗りこみました。

インストラクターさんから簡単な説明と何点かの確認がありました。そして……。

「お父さんとお母さんは、あの上のリフトのところで待っててください、それじゃあ！」

娘を乗せたバイスキーといっしょに、あっという間にすべっていきました。

私たち夫婦は、ひたすら雪山を歩いて登って、待っていると、リフトに乗った娘たちがやって来て、ゲレンデに降り立ちました。

そして、一気にシュプールをえが

リフトだって乗れるんだなあ

いてすべり降りました。

「すごいなあ……！」

娘がリフトに乗れたことにもびっくりしましたが、スキーをしていること、すべっているときに頭を上げて風を感じているらしいこと、ターンでは上手に体重移動できてスキーを体感していること……、すべての光景がおどろきでした。

自然の中に包まれた感覚にひたる

沙耶《さや》は、スキーの滑走《かっそう》により、障害から解放されて自由になっているように見えました。

私自身、ゲレンデに立っているだけでも心がすみきっていくような感覚がありました。見わたす限り青い空と白いゲレンデが広がり、美しい自然の中に包まれている……。

寒くて厳しいところだと思っていたスキー場に、私たちも温かく受け入れてもらえたような感覚で、大げさかも知れませんが、「こんなに美しい世界があったんだ……」と、全身に温かいものが満ちて来るのを感じました。

インストラクターさんに、今度はムービングベルトのある丘《おか》の上で待つように言われ、山を登っては、娘《むすめ》たちに一瞬《いっしゅん》で置き去りにされるということを何度も経験しました。

滑走は約1時間半で終わりましたが、沙耶は「まだすべりたい！」と手を挙げて伝えてくれて、部屋にもどっても、「おもしろかった」「またやりたい」「家に帰りたくない」と興奮冷めやらぬ感じで、娘の顔には顔面まひがあるのに今まで見たことがないような顔で、笑っているような、うれしそうな表情をしていました。

ゲレンデの気温は6度（翌日は4度）でしたが、カイロとスキーウェアで体は暖かく、呼吸器もカイロを入れていたので同じぐらいの暖かさを保っていました。インストラクターさんや、ホテルの温かい人たちのおかげで、とても楽しい時間をすごすことができ、結果的に、娘や私がスキーと接する機会をあたえてくれた学校の先生方に感謝しました。

すっかりスキーがお気に入りに！

障害者スキーを知ってもらう

スキーの映像をYouTube《ユーチューブ》に投稿《とうこう》し、学校で見てもらいました。すると「沙耶《さや》ちゃんスキーできたの⁉」「リフトも乗れたの⁉」「すごーい！」とおどろかれ、沙耶もスキー合宿でいっしょにすべれるように、学校や教育委員会が考えてくれることになりました。

スキー動画を見た障害をもつ子どものお母さんたちからも反響《はんきょう》がありました。

市内の同級生Y君のお母さんは、こう話されました。

「車いすに乗っていても、こんなふうにスキーができることを知らなかった」

「スキー合宿では、そり遊びではなくて、スキーをさせてあげたい」

となりの市のN君のお母さんは、こう言ってくれました。

「スキー合宿では雪遊びになるので、寒いところだし子どもには欠席させようと考えていたけれど、スキーができるのを知って、うちの子どもにもさせてやりたいと思いました」

偶然《ぐうぜん》にも、Y君、N君とは、同じ年に大山へスキー合宿予定で（スキー場は異なります）、母親たち3人で、スキーができるよういっしょに取り組むことにしました。目標は次の3つです。

1. 学校の先生方に障害者スキーを知ってもらい理解をしてもらうこと
2. 市教育委員会に障害者スキーに関する予算を確保してもらうこと
3. 現地のスキー場に障害者スキーと操縦できるインストラクターの確保など、環境《かんきょう》を整備してもらうこと

学校には、ハチ高原でのスキー動画を見てもらい理解してもらえました。これはつまり、情報がなく知らなかっただけで、無理解とはちがったのです。障害者本人やその保護者、そして

先生も「車いすに乗った児童がスキーを楽しめる」というイメージをもっておらず、多くの人は、当初の私もふくめて、パラリンピックの映像を見ても、スキーの訓練をされた選手だからすべれるのであって、一般《いっぱん》の障害者もスキーを楽しめるという知見をもっていませんでした。また障害者が寒さ厳しい雪山に行く、ということ自体に、過度な不安や否定的な印象があるようにも思います。すべての原因は「知らない」から起こっています。障害者やまわりの人たちに必要な情報が届いていない現状が根底にあると気づきました。

体験を共有できるスキー合宿に

大阪《おおさか》では、地域の小中学校に入学する障害児（支援《しえん》学級児）は増加しています。

大阪府教育庁がインターネットで公開している「大阪の支援教育」というデータによると、2017年度の小学校・支援学級の肢体《したい》不自由児は、933人もいます（全員が車いすに乗っているというわけではないそうです）。すべての学校でスキー合宿があるわけではありませんが、障害児はスキー合宿を欠席したり、いっしょに行けたとしても雪遊びですごしたりして、スキーはできていない場合が多いようです。

スキー合宿という教育活動の場においても、障害者スキーがあれば、ほぼすべての児童がスキーを楽しむこと、体験をみなといっしょに共有することができるようになると思います。障害があってもいっしょにスキーができたという経験は、子どもが成長する際に築き上げる人間関係に影響《えいきょう》をあたえると思いますし、娘《むすめ》にとっても、今よりも住みやすい世の中になっていくのではと思います。

大山でのスキーが実現！

鳥取県庁に大阪《おおさか》の現状を伝え、障害者スキーのお願いをしたところ、県庁、大山町《だいせん》役場、スキー場、それぞれの関係者が前向きに考え、尽力《じんりょく》してくれました。そして、バイスキーでの試し滑走《かっそう》をさせてもらえることになり、今年2月、それが実現しました。気温0度、吹雪《ふぶき》でとても寒かったのですが、次年度のスキー合宿に向けて、経験を重ねることができたのです。

沙耶《さや》も機械もカイロで保温すればだいじょうぶということが証明できました。外は寒くても、何よりも多くの人の温かい心にふれて、私たちはスキー場が大好きになりました。スキー場は「寒くて厳しいところ」という

多くの人のおかげで大山《だいせん》でのスキーが実現

印象から「温かくて優しくて自然と一体になれる場所」と認識を変えてくれました。

私たちも、「知ること」「いっしょに体験すること」から考え方が180度変わるということを経験しました。毎日の生活の中で娘《むすめ》の障害を理解してもらうことも同じだと思いました。

これからもていねいに向き合っていきたい

沙耶《さや》と私たち家族は、今まで多くの人たちの支援のおかげで生活してこれました。その中で、どうしたら相手に理解してもらえるのだろう、と思うことが何度もありました。制度や法律ができても、人の心の奥底《おくそこ》にある感情まで変えることはなかなかできません。学校でも、初めはうまくいかないこともありましたが、問題をさけずに、私たちと本音で向き合ってくれ、話し合いを続けてくれました。学校が本音を伝えてくれたから、私にも反省する部分が見えて、こちらも解決するための答えを考えることができたと思っています。障害者にとって、本音での話し合いがいかに重要で尊いものかと心底感じています。

娘《むすめ》の思いを伝えるためには、娘と呼吸を合わせることが不可欠であり近道です。そして、娘のケアと同じくていねいな説明が必要だと思います。これからもいろんな壁《かべ》にあたると思いますが、深呼吸しながらしっかり話し合いながら向き合っていきたいと思います。

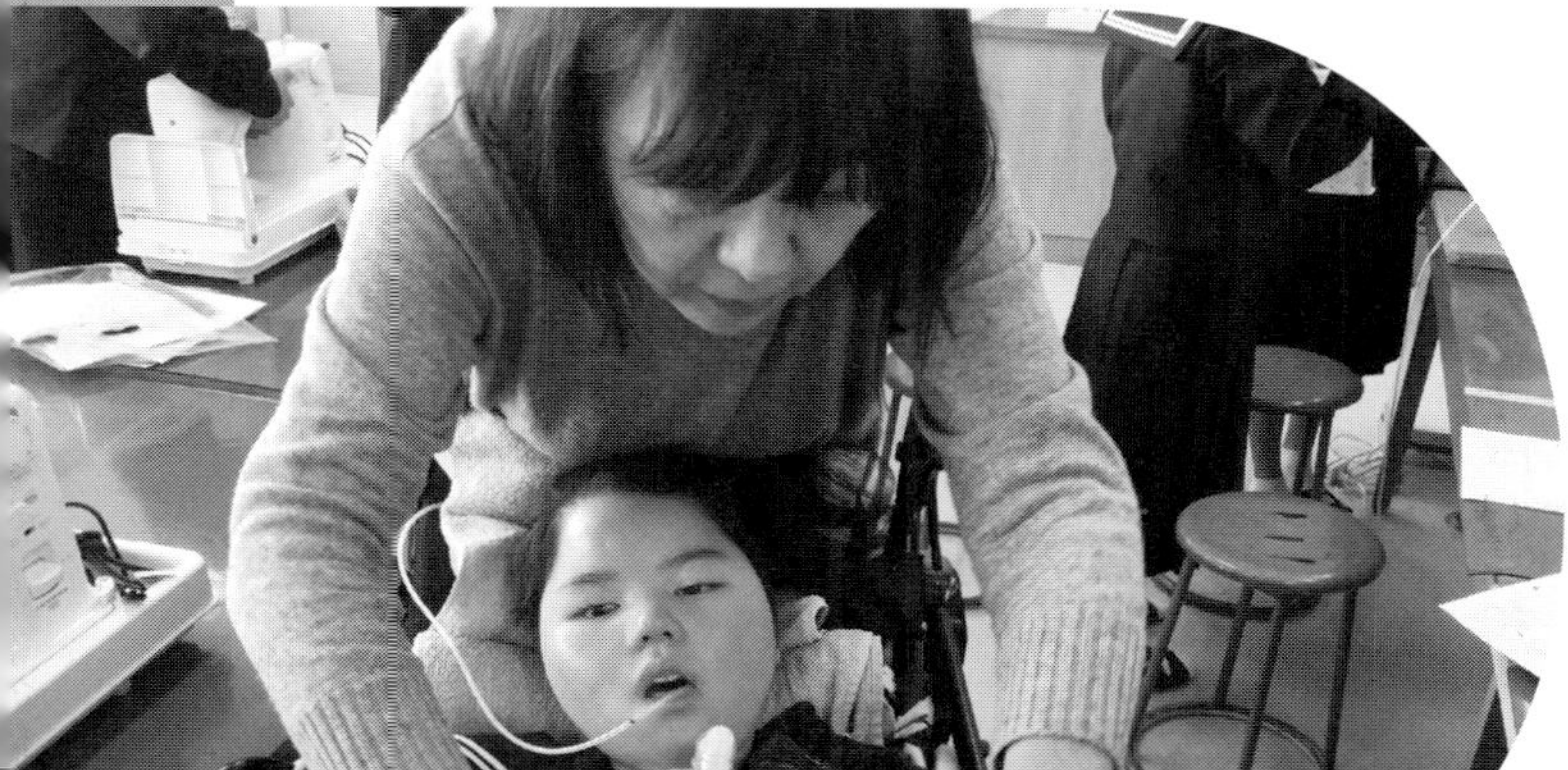

3 どんなときも、みんなといっしょ

プロフィール

林　京香（はやし　きょうか）　2005年4月25日生まれ、中学1年生

SMA*という難病で1歳《さい》半のとき人工呼吸器を装着。日常的に痰《たん》の吸引と食事時の経管注入が必要。家族は両親（ともに鍼灸《しんきゅう》師）と妹2人（小学5年生と生後4か月）。両親は就学活動支援《しえん》がライフワーク。執筆《しっぴつ》は母有香《ゆか》。名古屋市在住。

人工呼吸器と運命の出会い

娘《むすめ》はSMAI型とよばれる難病です。10万人に1人の確率で発症《はっしょう》するといわれています。生後7か月まで毎月病院に通っていたのですが病名がわからず診断《しんだん》がつかなかったので、毎日不安な日々を送っていたところ、重症《じゅうしょう》児専門の愛知県コロニー中央病院を紹介《しょうかい》されました。偶然《ぐうぜん》にもその小児神経科の先生がSMA専門医だったこともあり「この子、SMAですね」と、初対面で顔を見た瞬間《しゅんかん》にはっきりと言われたのをよく覚えています。1歳《さい》までに気管切開し人工呼吸器を装着しないと死に至ると医学書には書かれており、やっと病名がわかった安心感と絶望感を同時に感じたのでした。

そのころ、海外では気管切開せず非侵襲《しんしゅう》的人工呼吸療法《りょうほう》（鼻マスク）で生活し、言語も獲得《かくとく》できるという情報を聞き、娘も気管切開せずにしゃべれるようにさせたいとの思いがつのりました。そのため、哺乳《ほにゅう》力がとぼしくやせていくのを冷静に判断で

＊脊髄《せきずい》性筋萎縮症《いしゅくしょう》。脊髄の運動神経細胞《さいぼう》の病変によって起こる病気で、体や手足の筋力低下が少しずつ進む。指定難病3。

きず、痰《たん》づまりを頻繁《ひんぱん》に起こして極限の状態でも「気管切開だけはしたくない！　人工呼吸器をつけるくらいなら自然に任せたい」とかたくなになり、娘に苦しい思いをさせてしまいました。呼吸器をつけることで生活が制限され、ますます苦しくなると思いこんでいたからです。

　そんな私たちの思いこみ、偏見《へんけん》を、一瞬《いっしゅん》で変えたのが一人の男性看護師でした。病室へ話しに来られ、行きづまった私たちに「人工呼吸器をつけても、海外旅行へ行くなど在宅生活を楽しんでいる人もいますよ」と、娘の未来への選択肢《せんたくし》を示してくれたのです。「楽しむ!?」「旅行!?」まさかの思いでした。この言葉で、娘の運命は１８０度変わりました。だったら、とことん人生楽しんでいこう！　と、即《そく》退院に向けて動くこととなりました。ここが私たち家族の原点であり、出発点でした。

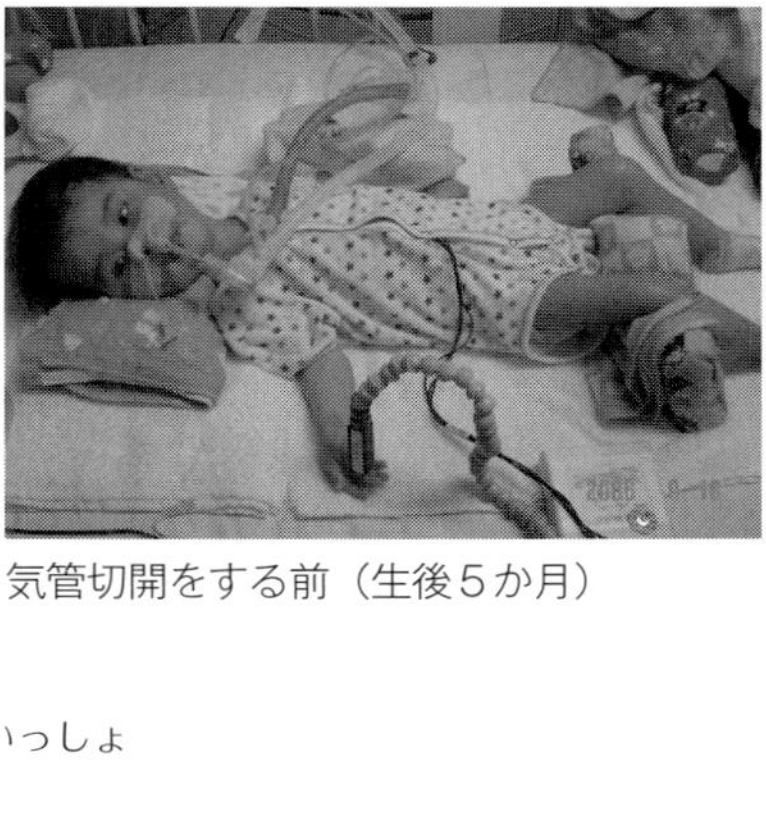
気管切開をする前（生後５か月）

在宅生活の基盤を得て、地域の学校へ

　１歳《さい》半で気管切開、人工呼吸器装着、その１か月後には退院し在宅生活へ。それにあたっては大事な基盤《きばん》を得ることができました。第一の基盤は地域の在宅医。レスパイトや入院で信頼《しんらい》

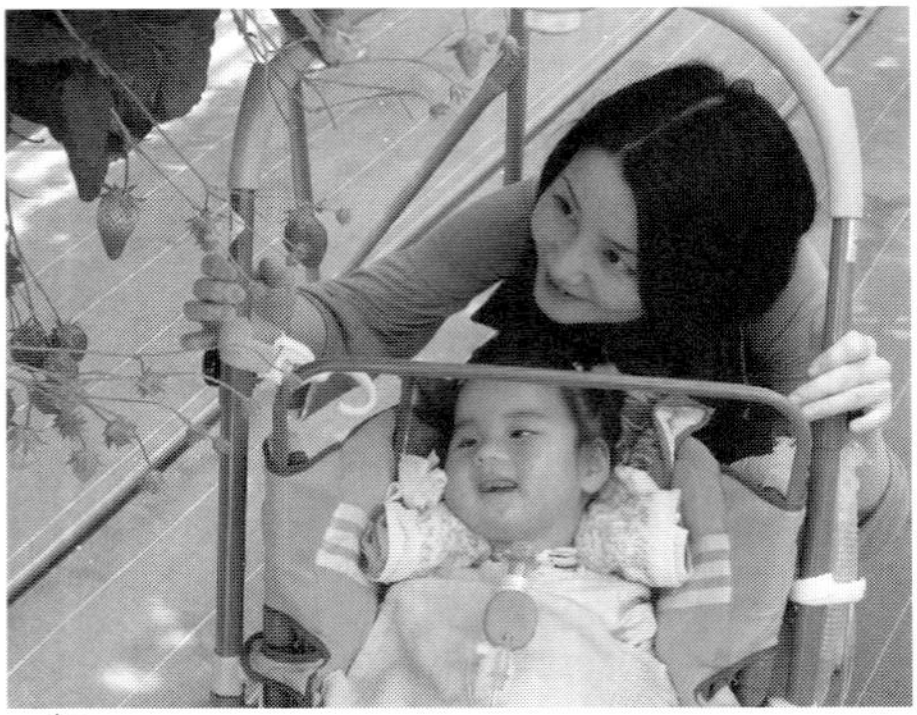

1歳《さい》半で気管切開、人工呼吸器を装着

できる主治医と、人工呼吸器管理を引き受けてくれる在宅の主治医の2本立てです。第二の基盤は訪問看護師と訪問ヘルパー。ヘルパーについては、支援《しえん》を受ける際に役所との交渉《こうしょう》が必要でした。ある意味、ここが私たち家族の社会・制度との交渉の始まりでした。

京香《きょうか》は、２０１２年4月から地域の堀田《ほりた》小学校の通常の学級に入学しました。地域で友達をたくさんつくりたいという思いからです。名古屋市教育委員会（以下、市教委）へ、親のつきそいなしでの看護師配置を要望、市教委との話し合いや、河村《かわむら》たかし市長との面会を行って入学が実現しました。ちょうど、２０１１年の障害者基本法改正で「障害の有無によって分け隔《へだ》てられることなく（略）共生する社会を実現するため」という目的がかかげられたことも、あとおしとなったでしょう。

小学校では、親のつきそいをほとんどすることなく6年間すごすことができました。現在も、地域の中学校の通常学級に在籍《ざいせき》し、学んでいます。

はるよこいなどとの出会いがあって今がある

「はるよこい」(名古屋「障害児・者」生活と教育を考える会／愛知「障害児・者」の高校進学を実現する会)とは、「障がいがある子もない子もみんな一緒《いっしょ》に」をモットーに、障害児の通常学級就学を応援《おうえん》する会です。会が出す会報の名称《めいしょう》も同じく「はるよこい」です。現在は、学籍《がくせき》を問わずすべての困っている障害児の相談にも対応しています。

「京香《きょうか》を同じ世代の地域の子どもたちとすごさせたい」。その思いは夫婦で意見が一致《いっち》していましたが、どんな方法で、どういった働きかけをしたらよいのか、方策がわからずなやんでいました。そういうときに、バクバクの会の折田《おりた》みどり事務局長から、はるよこいの川本道代《かわもとみちよ》さんを紹介《しょうかい》してもらったことから道が開けました。この出会いが、障害者に対する社会の問題を意識する始まりでもありました。はるよこいに、医療《いりょう》的ケアを要する子どもの就学支援《しえん》をお願いしたのは私たちが初めてでした。

通常学級への入学を希望しましたが、これも名古屋市で初めての事例だったので、はるよこいでは全力ですべての取り組みを進めてくれました。要望書を市教委へ提出したり、市長への面会を実現したり、メディアや新聞社に働きかけて記者会見を開いたりなど……。今思い返すと、かなり密度のこい時間をつっ走ってきたように思います。

当時、京香は中央療育《りょういく》センターわかくさ学園へ通っていました。名古屋市でもっとも重度の子どもが通う重度重複障害児対応の療育施設《しせつ》です。そこでは人工呼吸器ユーザーの娘《むすめ》の受け入れを何度も断られた経緯《けいい》がありました。入園当初はバクバクの会には所属していなかったので、地域へ行くという発想はまったくなく、療育センターへ受け入れてもらうことに必死になっての入園でした。バクバクの会に入会して、地域の保育園や小学校へ通った人工呼吸器の子どもの事例を知ったとき、それは、私たち家族の生きる世界が広がった瞬間《しゅんかん》でもありました。

会報が障害と社会の理解に力

はるよこいでは、毎月会員のみんなで集まり、会報を手作りします。会報には、通常学級ですごす子どもたちの日々の生活や課題、教育委員会との話し合い内容、要望書、新聞記事、障害児と学校にかかわる法律など、さまざまな内容をのせています。この会報を、保護者は毎月自分の学校の校長や担任などに手わたして、職員内で共有してもらえるようにしています。障害をかかえる子の学校生活への理解は、この毎月の会報によってどんどん深まっていきます。

私たち親子も、医療《いりょう》的ケア児だけでなく、知的障害、発達障害、肢体《したい》不自由など、さまざまな障害をもつ子どもの困難や通常学級での楽しい生活を知ることができました。障害に軽重などなく、本当にそれぞれなやみもあれば課題もちがうこと、学校ごとに異なる事情や対応があることなども知ることができました。もちろん、よい事例などに関しては、それを参考に自分の学校の体制を考えてもらうヒントやチャンスにもなりました。

さらなる力をくれた出会い

法律や制度を知るのに、さらなる力をくれた出会いがもう一つあります。私たちが在宅でお世話になっているヘルパーステーションの母体である「ＡＪＵ自立の家」です。ＡＪＵは障害者の自立と社会参加をめざして活動する組織で、名古屋における障害者運動の歴史をつくってきたともいえる団体です。２０１８年「名古屋城木造新天守閣エレベーター不設置問題」でも、大きな反対運動を主導しました。名古屋市役所前でハンガーストライキを行った際には、私たちも応援《おうえん》にかけつけました。

ＡＪＵでは登録ヘルパーやスタッフなどの研鑽《けんさん》の一環《いっかん》として、東京のＤＰＩ日本会議（障害者インターナショナル日本会議）から毎月講師を招いて制度勉強会を行っていたのですが、そこに夫婦で参加させてもらえることになりました。勉強会では、障害当事者や障害者権利にくわしい講師陣《じん》から教育に関する制度を一から学びました。この制度勉強会で障害者運動の歴史、障害当事者の視点を学んだことで、自分たちはどう進んでいったらよいのかという、今まで感じてきたモヤモヤとした複雑な感情が、一気に確信へと変化していきました。

就学活動を進める中で、テレビや新聞に出ることにより、インターネットなどでは心ない誹《ひ》誹謗《ぼう》中傷も多く集まりました。夫とも、目にするたびにいきどおりを感じることも多くありましたが、それでも自分たちの考えや行動はまちがいではない、と心が折れることなく、ゆるがない軸《じく》もでき、大きな支えとなったのは制度勉強会で学んだ知識があったからです。

日本は、2014年に障害者の権利に関する条約（以下、障害者権利条約）に批准《ひじゅん》し、国内法で障害を理由とする差別の解消の推進に関する法律（以下、障害者差別解消法、2016年4月1日施行《しこう》）を定めました。学校や教育委員会との話し合いで基準（ものさし）とするべきは、条約や国内法であり、子どもの学校生活の充実《じゅうじつ》には、自分たち自身で制度を熟知しなければいけないという大事なことに気がつきました。小学校入学前からさまざまな勉強会、講演会へ家族で足を運び、情報収集と京香《きょうか》のことを知ってもらえることに努め、たくさんの理解者と出会い、つながったことで、道が開けてきたのだと感じています。

メディアのおかげ？　就学交渉はスムーズに進んだ

人工呼吸器の子どもが親のつきそいなく、看護師配置で通常学級入学というケースは名古屋市で初めてであり、全国的にみてもレアケースだったため、公にして波を起こすくらいの積極的な働きかけをしないと、学校や行政も動かないという現実がありました。私たち夫婦も、そこに向かっての意気ごみと大きな覚悟《かくご》がありました。

京香《きょうか》の就学当時、新聞やテレビのニュースで名前を公表し行動を起こしたことで、一部の人からはバッシングも受けましたが、テレビ局が取材で入った河村《かわむら》市長との面会時も、ともに学ぶ教育について、「今の時代はそういったインクルーシブな考え方が大事だと言われている」と理解を示されました。とても温かい対応であり、「しっかりそのようにやったってちょーよ！（名古屋弁）」と鶴《つる》のひと声で市教委の人々を動かし、私たち家族の希望（通常学級就学、看護師配置）がかなえられました。そして、学校側も、受け入れを前提として入学前から定期的な話し合いを続けてくれました。この経緯《けいい》は、半年間の密着取材を経て、CBCテレビで『がっこうへ行こう』というドキュメンタリー番組にまとめられました。

一般《いっぱん》に就学相談では、通常学級就学を望んだとき、保護者の心が折れてしまうほど心ない対応を受ける場合も多い中、私たちに対しては、そういった態度はまったく

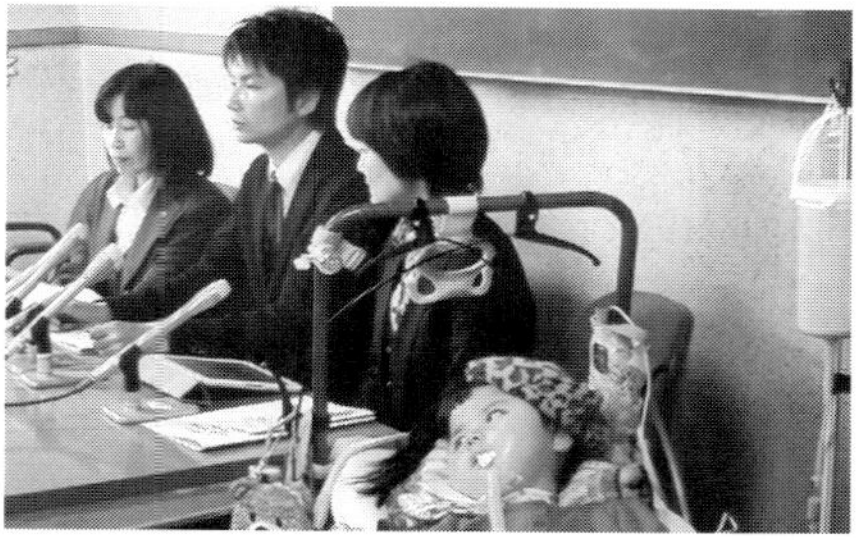

記者会見のようすがテレビでも流れた

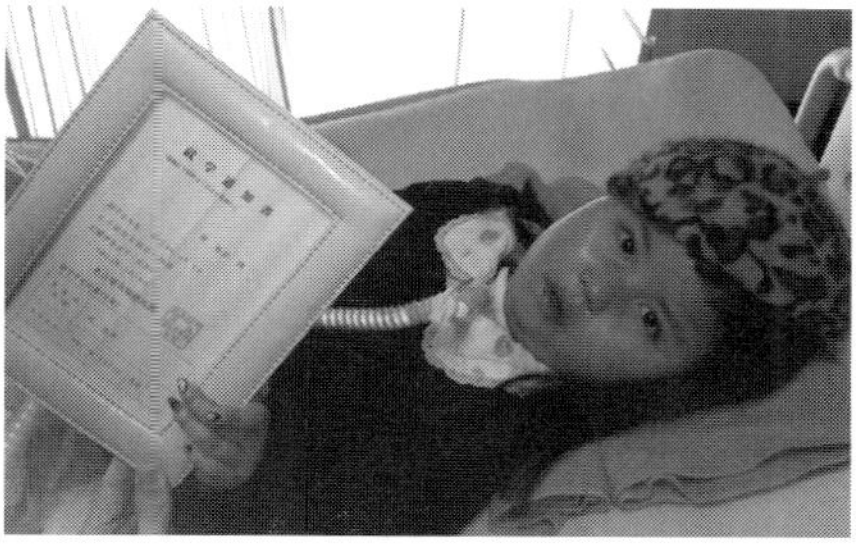

そして、届いた就学通知書

示されなかったのです。むしろ言動には十分注意されるようすで、慎重《しんちょう》にことを運ぶような印象がありました。これには、メディアを通して宣言したことも大きく関係していると思います。

医療的ケア児の就園・就学への理解の深化へ

メディアに出るのは勇気のいることでしたが、京香《きょうか》の前例は、医療《いりょう》的ケア児には特に大きなよい影響《えいきょう》を広げたように思います。その後も名古屋市では医療的ケア児の就園・就学は年々増えていきました。現在では保育の分野でも医療的ケア児のモデル事業展開に向かっています。他都市では、まだまだ保護者のつきそい問題や、看護師を配置しない問題や、看護師の業務内容を制限する問題なども多く聞かれますが、はるよこいでの活動を通して、市教委との話し合いを進める中では、名古屋市では「保育園年中の段階で知らせてくれれば合理的配慮《はいりょ》としての予算確保もする」という方針も示されました。他県よりもかなり理解が深まり前進しているようすがうかがえます。

京香のドキュメンタリー番組は、現在でもインクルーシブ教育がテーマの大学のゼミ等で活用され、これをもとに勉強する大学が愛知県内、三重県内にもあります。また、バクバクの会中部支部活動として第1弾《だん》『みんなの学校』上映会や、第2弾、ドキュメンタリーDVD『風よ吹《ふ》け　未来はここに‼』の上映会の影響もあり、そこに参加した看護や医療系の専門学校など、各集会等でつながった人が京香を講師として招いてくれる機会も多く、当事者として自分の学校生活を発表する機会を毎年もらっています。

看護師配置スタート時のこと…

入学時の働きかけに関してメディアの力が大きいことは確信できます。しかし、メディアによってその後の学校生活まで保障されるわけではありません。メディアとは、一瞬《いっしゅん》の大きな影響力でしかないということを感じます。その後は自分たちで制度についての知識を得たり学校とのコミュニケーションを積み重ねたりしていかなければ、学校生活の一つひとつの課題は解決しないのです。小学校入学時の新聞記事では、「親の付添《つきそ》いなく看護師配置」と大きく掲載《けいさい》されました。これが、まったくつきそいをしないと一般《いっぱん》には思われたようですが、実際はそうではありません。

看護師配置にあたっては、学校生活を安定して任せられるように、まず親は看護師へ引きつぎのためのつきそいをします。この引きつぎなしでは、たとえ看護師でも本人が必要とするケアや介助《かいじょ》の方法をすぐには会得できないからです。医療《いりょう》的ケアとひとことで言っても、個々のニーズはさまざまであり、吸引の手技、使う器具も、同じ障害であったとしてもそれぞれちがうので、私たちがつくったマニュアルに沿った内容を覚えてもらうことが必要です。京香《きょうか》の主治医、市教委、学校長などが見守る中、まずは親が吸引の手本を見せ、同じ手順で看護師にやってもらいます。その手順が書かれた書面に、主治医、看護師、そして保護者の3者がサインをして、各自保管し、共有します。この書類が整ったら、勤務ができるという仕組みです。

書類上のことが終われば、あとは親がしっかりケアや介助の仕方を伝えていけば学校でのつきそいは終わると思っていました。ところが、いざ学校生活が始まってみるといろんなことが起こってきました。まずは、看護師の休憩《きゅうけい》時間についてです。勤務の中で必ず「休憩30分をとってもらわなければ労働法に違反《いはん》するといけない」と教頭先生から言われたのです。だから昼食休憩の間は、代わりに母親のつきそいが必要だと。

契約とちがう?

小学校1年生のとき、授業中の看護師さんの対応を見ていると、無言で棒立ちしている姿が気になりました。娘《むすめ》がノートテイクできない部分を代わりに介助《かいじょ》として手伝うというそぶりもいっさいなかったのです。それどころか、体育の授業で走る競技の際、「車いすをおして走ることはできない」と言われました。もちろん、「5月の運動会でも走りません」と。最初は私も唖然《あぜん》としてしまったのですが、よくよく話を聞いてみると、「看護師の仕事ではない」ということでした。要するに、市教委と雇用契約《こようけいやく》を交わした際、「医療《いりょう》的ケアさえすればよい」と言われたそうなのです。加えて、「ケアはやっても介助にあたる行為《こうい》はする必要がない」「看護師は命さえ見守っていればよい」という話もされたそうです。

私たちは、初めて聞いた看護師の雇用契約の内容におどろき、市教委へ話し合いを申し入れました。伝えたいと思ったのは、学校生活は病院生活とはちがうということ、子どもにとっては医療的ケアがメインではなく、学校活動に必要なのは介助がほとんどだということ、医療的ケアだけやればよいというスタンスでは、子どもは学校生活が送れないということです。

看護師の「休憩《きゅうけい》30分問題」もふくめ、早急に要望書を作成し、はるよこいのメンバーとともに、話し合いに臨みました。

看護介助員へと発展

市教委からの回答により、看護介助員《かいじょ》という新しい制度がスタートしました。求人に際しても「看護介助員募集《ぼしゅう》」とされました。名古屋市が医療《いりょう》的ケア児に対して前向きな理解を示した改革といえます。

特別支援《しえん》学校（以下、支援学校）では、看護師は経管栄養剤《ざい》を胃ろうにつなげ注入することや、吸引等のケアのみに従事し、介助に関することは先生やアシスタントがするといった明確な業務分担があります。この支援学校のシステムと、通常学級ですごす医療的ケア児の学校環《かん》境《きょう》とはちがうということが認められた結果、介助も看護師が行うとして、看護介助員となったのです。医療的ケア児の中でも人工呼吸器をつけた子どもは、部分的ケアでは学校生活が送れないので、医療的ケアができる、学校生活全体を支える専属の支援者が必要なのです。

他都市（たとえば東京都）では2019年現在も、看護師配置はしても業務内容は「ケアのみで介助はしない」と支援学校の基準があてはめられ、介助員の配置予算は出せないという理由で親のつきそいを求められるそうです。看護師の業務内容に関しては、全国あらゆる地域で制限がかけられているのが現状です。特に人工呼吸器をつけた子どもに関しては、さまざまな理由をつけて親のつきそいへと結びつけられます。人工呼吸器は高度な医療的ケアと位置づけられ（それほど高度とは思えませんが）、業務内容の制限が多くなりがちな傾向《けいこう》にあります。

人材確保のむずかしさ、男性看護師で苦労したことも

名古屋市が看護介助員《かいじょ》という新しい取り組みを導入し、一歩前進しましたが、京香《きょうか》が小学校3年生のころまでは、募集《ぼしゅう》をかけてもなかなか人が見つからないという現状が続きました。娘《むすめ》や私たちが信頼《しんらい》して任せられる看護介助員とは、本人の思いや視点を大切にしながら必要な支援《しえん》をしてくれる人です。しかし、見学に来た看護師の中には、「自分の孫がこんな状態（胃ろう）で口から食べることもできないなら、かわいそうで見てられない」と言い、勤務に

至らない人もいました。本人がどれだけ給食の時間を楽しんでいて「自称《じしょう》・美食家」と言っているほど食べることに熱意があるかとは、思いもつかないようです。本人と接したことがないと、残念ですがそういった感覚をもつことができず、知識や技術を生かすことができない人もいるのだとあらためて感じたのでした。また、2か月もたたずに辞めた人で「自分の子どもも障害があるけど、こんなに特別に優遇《ゆうぐう》されてずるいと感じる」と言った人もいました。

看護師の資質を疑うような理由での退職が続きましたが、募集をかけてもあまりに看護師が見つからず、「年配の男性看護師が1人見つかったので、女性看護師が見つかるまではその人でお願いしたい」と、市教委から電話でたのまれたことがありました。しかし、女の子のオムツ交換《こうかん》をお願いするのはどうかとなやんだ結果、母親がその役を引き受けることにしました。けれども、毎日トイレのたびに「オムツ交換お願いします」と電話が鳴ります。これにはなんとかしたくても、女性看護師が見つかるまでは学校に出向くしか手立てがありませんでした。

2年生の夏休み前に、親がついていなくても勤務できそうな女性看護師が見つかり、その後知人の紹介《しょうかい》から信頼《しんらい》できる看護師がもう1人確保でき、2人体制で安定した学校生活がやっとかなうこととなりました。中学校に入学してからは、辞退する人がまた3人も続き、そのたびに校長先生や私たち親も落胆《らくたん》させられることとなりました。3女の出産まぎわにやっと安定して任せられる看護師が2名見つかり、落ち着いて出産に臨むことができましたが、それでもすべてが解決とはいかず、２人とも勤務できない日があったりして、課題は現在でも残ります。

ヘルパー導入をうったえている

看護介助員《かいじょ》の募集《ぼしゅう》を、名古屋市の嘱託《しょくたく》職員としてかけても見つからないことには、市教委内でもかなり苦労したことと思います。中学校からは、ナース派遣《はけん》会社に市教委が委託《いたく》して看護師を雇用《こよう》するという新しいシステムも追加で導入されることになりました。看護師探しに苦労する市教委の負担は軽減しましたが、反面で、派遣ナースは名古屋市が直接雇用する嘱託職員より予算もかかるため、財政的には負担が大きくなってしまったとのこと。また、訪問看護ステーションが担う場合でも、派遣会社よりさらに費用負担が大きいようです。

そういったことを考えると、看護師限定ではなく医療《いりょう》的ケアの研修を受けたヘルパーを活用するのが現実的です。財政負担も減り、日常からその子に慣れた人が介助すれば、子どもも安心でき、安全も確保できると思うのです。ということで、ヘルパーの導入を市教委へ要望として出し続けていますが、「ヘルパーや教員が学校で医療的ケアを担うのは認められない」との方針の一点張りで、職域の壁《かべ》をこえることに対し、市教委は反対の意向を変えていません。

この問題について、文部科学省による「学校における医療的ケアの実施《じっし》に関する検討会議最終まとめ」（２０１９年２月28日）では、学校の教職員についても、特定の医療的ケアについては法律に基づいて実施することが可能になったことが示されています（column《コラム》参照）。これをふまえ、看護介助員が対応できない支援《しえん》のすきまをヘルパーが担えるように、名古屋市が一歩をふみ出してもらえるように、今後も働きかけたいと思います。

COLUMN

「学校における医療的ケアの実施に関する検討会議　最終まとめ」より

医療《いりょう》技術の進歩等を背景として、人工呼吸器や胃ろう等を使用し、喀痰《かくたん》吸引や経管栄養等の医療的ケアが日常的に必要な児童生徒等（以下「医療的ケア児」という。）が増加する中、各教育委員会等においては、医療的ケア児が学校において教育を受ける機会を確保するため、特別支援《しえん》学校等に看護師又《また》は准《じゅん》看護師（以下、単に「看護師」という。）を配置するなどして、学校内で医療的ケアを実施《じっし》してきた。

平成24年4月からは、介護《かいご》サービスの基盤《きばん》強化のための介護保険法等の一部を改正する法律による社会福祉《ふくし》士及《およ》び介護福祉士法の一部改正に伴《ともな》い、一定の研修を修了《しゅうりょう》し、喀痰吸引等の業務の登録認定を受けた介護職員等（以下「認定特定行為《こうい》業務従事者」という。）が一定の条件の下に特定の医療的ケア（以下「特定行為」という。）を実施できるようになった。この制度改正を受け、学校の教職員についても、特定行為について法律に基づいて実施することが可能となった＊。

＊実施《じっし》できる医療《いりょう》行為《こうい》は、①口腔《こうくう》内の喀痰《かくたん》吸引、②鼻腔《びくう》内の喀痰吸引、③気管カニューレ内の喀痰吸引、④胃ろうまたは腸ろうによる経管栄養、⑤経鼻経管栄養の５つに限られる。

地域で理解を得るのがむずかしい？

京香《きょうか》が小学生のころ、瑞穂区《みずほ》で子ども会主催《しゅさい》のお祭りがありました。山崎《やまざき》川あたりを歩いて一周するスタンプラリー、区内の近隣《きんりん》小学校校庭でのグランドゴルフ、体育館でのバルーンアートなどが行われます。それまで、子ども会イベントは次女だけ連れて夫婦どちらかが参加していましたが、そのときは夫も休みをとり、ヘルパーも依頼《いらい》して家族みんなで参加することにしていました。

京香も初めての参加を楽しみにしていましたが、問題が一つ。「開催《かいさい》地の体育館は2階だからバルーンアートは無理だし、京香ちゃんの場合はスタンプラリーのみの参加となりますがよいでしょうか」と、子ども会役員からメールがあったのです。そして、グランドゴルフもできないという前提の話でした。実際に京香とすごしたことがなくイメージできないことは理解できるので、工夫があればすべて参加できること、1、2名協力してくれる人がいたら京香は上下移動で2階の体育館にも運ぶことができると伝えました。すると、またメールで「理事会で相談した結果、みなさん素人なので責任がとれないし、人手もないのでバルーンやゴルフは無理がある。参加賞のみおわたしするという条件ですが、参加されますか」とのこと。

制限された条件つきの参加許可（？）を伝えられ、楽しみだった気持ちからみるみる不安へと変化しました。しかし、実際の京香のようすを肌《はだ》で感じ取ってくれる人は必ずいると信じて、

「人手の件は気にされないでくださいね。こちらでようすを見て、参加できそうであればやってみます」と返信しました。

一部の理解者に助けられた

はるよこいの先輩《せんぱい》方に相談してみると、「社会福祉《ふくし》協議会でボランティアを探すのはどう?」という助言がありました。早速、社協に電話したら、翌日手伝ってくれる人が見つかったとの連絡《れんらく》があり、ホッとしました。開催《かいさい》地の小学校区の民生委員だそうです。

医療《いりょう》的ケアの必要な児童という事情も相手は知らないままでの初対面でしたが、最初から心地よい笑顔で接してくれました。スタンプラリーをしながらいっしょに歩き、京香《きょうか》にもいろいろ話しかけて「今、京香ちゃんが合図してくれたのがわかったわ!」と楽しそうに言われます。グランドゴルフも、京香の手をにぎりパターをふっていっしょにしてくれました。

最後の砦《とりで》である2階の体育館への移動では、私たち大人4人、準備して意気ごんでいると、そこへ「ぼくもお手伝いしたい!」と男の子がかけよって声をかけてくれました。うれしい申し出に「じゃあ、ここの部分持ってね」と力がいらない安全な部分をにぎってもらい、「ぼく、何年生?」と聞くと「2年生!」と元気な返事。心が温まる2階への上り移動となりました。そして、帰りの下り作業では、この男の子のお父さんらしき人が手伝ってくれました。ほかの学区でしたが、受け入れてくれる人もいるのだと安心しました。

自宅に帰ってから「何がいちばん楽しかった?」と聞くと、2階での「バルーンアート」とのこと。結果、いろいろ問題はあったものの行けてよかったなと思いました。

巨大迷路のゲームに参加できない

小学校6年生では、「ほりたっ子フェスティバル」というイベントがありました。各学年で子どもたちがゲームを企画《きかく》し、いろいろなゲームを自分たちも体験しに行ったり、地域の人や保護にも体験してもらったりする企画です。

6年生は1クラスしかないので、チームを半分に分けて、A、Bの2グループで出し物のゲームを考えました。京香《きょうか》はAグループで「ボール転がしゲーム」。Bグループは「巨大《きょだい》迷路」に決めました。子どもたちは、多くの学年の子どもが遊びに来るし大人も来るので、だれがどんな当番をして接客するのか、あれこれ相談したそうです。

京香はどのように参加したかというと、お客さんにゲーム内容を説明する解説役となったそうです。iPad《アイパッド》に説明文を入れ、自分でスイッチをおして再生し、接客をします、と担任から説明がありました。

私たち両親もこの日を楽しみに当日をむかえたのですが、ある問題に気がつきました。それはとなりのＢグループのゲームです。ふと、人だかりのある廊下《ろうか》を見ると、車いすに乗った母親やつえをついた老人夫婦が巨大迷路をながめていました。私も気になり見に行くと、接客係の子どもが「立たないようにかがんで入ってください」と説明しています。

巨大迷路とは、机をたくさん並べてある下へしゃがみこみ、床《ゆか》をはいずって、途中《とちゅう》クイズに答えながらゴールをめざすというものでした。

「京香はどうやってこれに参加するのだろう」とおどろき、先生へたずねると、「ｉＰａｄで友達が中の状況《じょうきょう》を撮影《さつえい》して、疑似体験する」とのことでした。

名古屋城問題と同じ？

６年間ともにすごしてきたクラスの仲間が企画《きかく》したゲームに、自分がふくまれず直接参加できないことを、京香《きょうか》は本当に残念がっていました。本人としては、すべてみんなと同じコースに入れなくても、部分的には車いすでも通りぬけできるスペースが考えられていたらよかったと思っていたそうです。そうすれば、京香だけではなく、車いすで来た保護者やつえをついた老人でも参加できたかもしれません。

ちょうどそのころ、「名古屋城木造新天守閣エレベーター不設置問題」がニュースで話題となっており、京香も障害者団体の人たちとともに、反対運動に参加していました。この名古屋城問題と巨大《きょだい》迷路の問題には、共通する点があります。

名古屋城にしても、新しく基礎《きそ》から作り直すのであれば、ユニバーサルデザインとしてエレベーターを設置した、だれもが参加できる施設《しせつ》であるほうが、名古屋市民にも観光客に対しても親切だと感じます。京香も、この件に関しては強い思いがあり、クラスのみんなへ伝える決意をしました。朝のスピーチで、タブレットの読み上げ機能を使って、次のように伝えました。

「入りたくても、入れない」

最近、名古屋城を、新しく作りかえることが、テレビや新聞で取り上げられています。

みんなは、知っていますか？

でも、新しいお城には、エレベーターを「つけない」ということが問題となっています。私のように、車いすに乗っていたり、ベビーカーや、足の不自由な人が、名古屋城へ入るためには、エレベーターが必要です。

河村《かわむら》市長は、「いろんな人が名古屋に、訪れてほしい」という思いから、名古屋城を新しく作る計画を立てました。しかし、エレベーターがないと、「入りたくても、入れない」、エレベーターをつけないことに反対する声がたくさんあがってきました。

赤ちゃんや、お年寄りや、私のように車いすを使う人も、だれもが利用できる建物を作ることが、世界的に、重要視されています。それを「ユニバーサルデザイン」といいます。

空港や、地下鉄、そして、カインズホーム*もユニバーサルデザインの建物です。

カインズホームではエスカレーターに段差がない。まっすぐなエスカレーターとエレベーターがあります。

車いす利用者は、階段やエスカレーターは使えません。「エレベーターしか」乗れないからです。だから、名古屋城にも、エレベーターをつけてほしいという声があがっています。

そうした声から、もう一度、お城にエレベーターをつけるための話し合いが、障害のある人の意見を聞いて行われることになったそうです。

みんなと同じように、入りたいのに、入れない、という人の気持ちに私はすごく共感しました。なぜなら、先日のほりたっ子フェスティバルで巨大迷路《きょだいめいろ》に、入りたくても、入れないことがあったからです。

6年生の巨大迷路に、私がどうやって参加したか、知っている人は、いますか？ 私は、入ることができなくて、iPad《アイパッド》の動画を見せてもらいました。

みんなが私と同じように自分一人だけ、入れない立場だったら、どう感じますか？

私はさびしかったです。

車いすのお母さんやつえをついたお年寄りも、入れなかったそうです。地域の人も来る

＊名古屋市内にあるホームセンター

イベントだったので、どんな人でも楽しめるような「ユニバーサルデザイン」の巨大迷路だと、もっとよかったな、と思います。

私の妹は、「簡単コース」もあったらよかったね！　と言ってくれました。

私の気持ちは、「どんなときも、みんなといっしょに、参加したいのです」。

私が体育の授業に参加するとき、「京ちゃんルール」があるように、みんなの工夫やアイデアがあれば、どんなこともできるように思います。

何かを決めるときや、作るとき、障害をもつ人もふくめて、障害のある人に考えを確認して、決めていくことが大切だと思います。

私は、参加できないゲームもあったけど、Mくんが、たくさん私の気持ちを聞いてくれたのでうれしかったです。もっともっと、みんなとお話ししたり、えんりょせず、わたしの目を見て、話しかけてほしいです。

小学校から中学校へ

中学校入学にあたり、学校生活で求めたい配慮《はいりょ》について市教委と話し合いました。医療的《いりょう》ケアや学校生活全般《ぜんぱん》の介助を行う看護介助員の配置、エレベーターやケアルーム（冷暖房や冷蔵庫）の設置、プールへの通路改修工事、ミキサー食提供のための栄養士配置などについてです。これには現場である中学校も連携《れんけい》してくれ、受け入れ体制がしっかりと整えられました。

学校から帰宅すると、すぐに入浴が始まります。訪問看護師と在宅ヘルパーの2人介助で入浴が行われ、続いて入浴後にリハビリと運動もします。その後、みんなといっしょの夕食を母がミキサーにかけ、ヘルパーに胃ろうから注入介助してもらいます。食後には、宿題や学校の準備を京香《きょうか》とヘルパーがいっしょに確認するのが日課となっています。一日のできごとでうれしかったこと、なやんだことなどをヘルパーが聞き取り、親へ伝えてくれます。わが家にとって、在宅ヘルパーの存在はとても大きな柱です。

COLUMN

巨大迷路事件からユニバーサルデザインゲームへ

小学校6年のときの巨大《きょだい》迷路事件、すなわち、京香《きょうか》がクラスの仲間が企画したゲームに参加できなかった残念なできごとは、決してむだにはなっていませんでした。中学校に進んでからのことです。1年生全体レクリエーションの際の各クラス代表委員の集まりでは、京香の参加方法もしっかりと考えられ、「どうやったらいっしょに参加できるか」という議案もふくまれていたそうです。

最終的に、「だるまさんがころんだ」と「フルーツバスケット」が企画され、だれもが参加できるユニバーサルデザインゲームとなりました。

一日中ハードスケジュールですが、学校に通い出してから入院することもなく、ほぼ皆勤賞《かいきん》。おとろえていく表情筋がありながら、表情も良好です。夏休みのほうがたいくつで体調がくずれます。

中学校でも給食のミキサー食での提供が実現

小学校から継続《けいぞく》勤務となった栄養士が中学でも配置されたので、みんなと同じ食事をミキサー食で提供してくれ、看護介助員《かいじょ》が胃ろうから注入をします。

これは、市教委が理解を示してくれて実現しました。中学校では小学校とちがい、自校での給食ではなく業者委託《いたく》給食のため、ミキサー食提供は「前例がない」とする市教委と、何度にもわたって話し合った結果です。難航しましたが、ねばり強く話し合いました。市教委も最終的には、食事の重要性を理解してくれたのだと思います。

給食のミキサー食での提供は他県でもまだ進まない難題で、名古屋市で初めての取り組みとなりました。京香《きょうか》も「中学校へ行ったら大好きな給食が食べられなくなるかもしれない」という不安が解消され、とても喜んでいました。体調が安定している要因の一つです。

給食は、ランチルームで机を並べてクラスメートと向かい合って食べる日があります。ランチルームでは、はやりの曲が放送で流れ、歌ったりＴＴダンスをおどったりする子もいます。

それを見つつ、女子トークを聞きながら食べるごはんはとてもおいしいそうです。

中学校のランチタイムは20分間しかありません。チャイムが鳴ったら、学級担任の先生とお友達と散歩へ出かけるのが毎日の日課です。暖かい季節はグランドへいっしょに出てサッカーをしたり、図書館に行って本を読んでもらったり。これがいちばんの楽しみらしく、ランチを15分ほどで急いで胃ろうから食べます。先生との散歩で他学年の生徒とも交流して、声がかかるのも楽しみの一つだそうです。

給食はみんなと同じものをミキサー食で

エレベーターは特定の人のため？

車いすユーザーの子どもは上下移動にバリアがあるため学校環境《かんきょう》整備としてエレベーター設置を望むのですが、「予算がない」「過度の負担」と行政に主張され、設置してもらえないことから、支援学校を選ばざるを得ないケースも多いのです。

京香《きょうか》の場合は、小学校3年生のときにエレベーターが設置されましたが、低学年までは教室を1階にする配慮《はいりょ》がなされ、図書室も空き教室を利用し1階に設置、低学年用の本をそこに移すなど工夫がなされました。エレベーター設置がされていなかったころは、書道教室などの上階での授業では、担任、看護師、教頭、用務員の人たちに車いすごと担いで上下移動してもらっていました。緊急《きんきゅう》時の避難《ひなん》訓練も想定してメンバー構成されています。

エレベーター設置は、当初は、京香一人のために莫大《ばくだい》な予算を使うと感じた人もあったと思いますが、実際には、足を骨折して車いすが必要になった6年生の担任も、4階教室までの上下移動ができる環境のおかげで卒業式まで子どもたちを受け持つことができました。また、母親が車いすユーザーだった児童も、学校イベントを母親がエレベーター利用で参観でき、足の不自由な祖父母たちも学校行事のたびにエレベーターを利用しました。いちばん活用されたのは、4階教室の先生方の荷物運びでした。卒業式に袴《はかま》を着た子どもたちが4階から下りる安全のための活用もあり、本当に幅《はば》広い活用がみられました。足をけがした友達といっしょに乗るときなど、京香はとてもうれしそうでした。

中学校では、入学と同時にエレベーターが設置されましたが、設置にともない、車いすユーザーの先生が新しく中

車いすユーザーの先生の配置が実現

学校へ配属されたことも、とてもうれしい事例でした。その先生の担当教室には、黒板が片手で上下移動する便利な装置も設けられています。エレベーター設置やさまざまな配慮のある学校環境は、特定の人だけでなくだれにとっても便利で活用範囲《はんい》が広く、まさにインクルーシブな環境を考えたときには欠かせないものだと感じます。

学習空白の課題もクリアできている

小学校時代、支援《しえん》学級籍《せき》ではなく通常学級籍のため、京香《きょうか》を専属で支援する教員は配置されませんでした。授業では、看護介助《かいじょ》員が担任と連携《れんけい》しつつ、ノートテイクや指《さ》し示しなど、できる範囲《はんい》での支援。しかし、学習の補助はできても指導に関しては教員免許《めんきょ》がある人しかできないため、そういった指導と補助のはざまをどううめたらよいかという課題がありました。

この学習空白の課題が、中学校ではみごとにクリアされました。各教科、すべての授業において、教科担任に加え主幹教諭《きょうゆ》（コーディネーター）が配置されたのです。さらに、教務主任や校長先生が、美術、数学、技術家庭科への学習支援《しえん》に入っているのも大きなポイントです。そして、主幹教諭は京香の主たる支援者ではあるものの、京香のフォロー以外にも1年生全クラス（3クラス）に副担任的にポイントで入ります。そうすることでほかのクラスの生徒とも顔なじみとなり、京香とほかの生徒との橋わたし役にもなってくれています。

校長先生が不在の際には、理科の教科担任が学習支援に入ってくれました。体育の授業での着がえに時間を要する場合は、看護介助員《かいじょ》のサポートとして発達障害支援員も手助けに来ます。こういった学校体制を、校長先生がコーディネーターの主幹教諭と連携しながら工夫されています。ほかの学年の教科担任の先生方も、自然に集まって声をかけてくれることが多くなりました。このあたりは、教科担任制という中学校ならではのことかもしれません。

タブレットのアプリを活用して

気管切開をしているため、言葉での意思伝達がむずかしい障害をもつ子の場合、学校生活でどのように授業を受けているのですか、とよく聞かれます。5教科は、タブレット型端末《たんまつ》（iPad《アイパッド》など。以下、タブレット）のアプリを使い、実技系はアナログな手づくりのアイテムや独自のルールを活用することで授業に参加できています。

授業によってふつうの教科書とタブレットで使えるデイジー教科書（電子教科書）を使い分けます。人工呼吸器や生活に必要なものをストレッチャーにたくさんのせているため、テスト週間以外は教科書の持ち帰りを免除《めんじょ》してもらい、教室のとなりにある個室ケアルーム（トイレ、着がえ、休憩《きゅうけい》、体のケアなどに使用）に置かせてもらっています。

デイジー教科書とは、視覚障害者のために作られた読み上げ機能がついたデジタル教科書で

す。５教科以外もダウンロードできます。たとえば先生に本読みをあてられた場合などには、

COLUMN

授業の工夫と、先生と子どもたち①

社会科の授業の中で「国の名前しりとり」をすることになり、京香《きょうか》も参加できるようにと「おしゃべりする地球儀《ちきゅうぎ》」を主幹教諭《きょうゆ》が用意してくれました。ペンでさすと、その部分の国名を読み上げる機能があります。これにはクラスメートも興味津々《しんしん》で、いっしょに国名をおしたりして、楽しく学習できました。

今度は、社会科の先生から「京ちゃん、あててもよいですか」と言われるようになりました。前に出て黒板に答えをはりつけられるようにと、主幹教諭がいつも画用紙を用意するようになっていました。あてられる経験はそれまであまりなかったので、本人も新鮮《しんせん》だったそうです。いつあてられるかわからない！　という緊張《きんちょう》感も新鮮だったでしょう。

主幹教諭は、授業のポイントを自作でボードにまとめて、京香に一問一答式のクイズを出したりしていました。それがよくまとまっていて、まわりの生徒たちもやりたがりました。そのうち京香そっちのけでわれ先にと一問一答に取り組み始め、先生もいっしょになってポイント整理を始めて……。当の京香はスキができたとばかりにうたた寝《ね》をしそうになって、先生に注意されたり、ということもありました。

自分の声として読み上げが可能です。ふだんの授業で必須《ひっす》のアプリはSketchpad《スケッチパッド》、いわば無限に書けるノートです。これで色を選び絵をかいたり、板書はすべて写真をとってはりつけたりできます。

自宅でプリントの宿題に取り組むときには、プリントに直接書くよりもタブレットで写真にとって拡大したほうが書きやすいのでそのようにします。できた課題は、ヘルパーが介助《かいじょ》して京香《きょうか》が送信ボタンをおし、学校へメールで送ります。朝には主幹教諭《きょうゆ》が印刷して提出できるようにしてくれます。提出できていない課題があったりすると「京ちゃん明日までにデザインしてきてね！」と、クラスメートが声かけしてくれます。京香が考えた担任の似顔絵キャラクターがクラスのマスコットキャラクターに当選もしました。

京香は自分でしゃべったり動いたりできない（ふだんは目と表情でコミュニケーションをとる）ので、だれかの介助《かいじょ》によって成立することばかりですが、「先生がやってる」とか「看護師さんがやってる」とはだれも言わず、「京ちゃんすごいじゃん！」と、すべて本人の成果として評価し認めているところがほほえましいと思います。

実技系では「京ちゃんルール」での工夫も

小学校のときから体育や朝の体育集会などで行ってきたことに「京ちゃんルール」がありま

す。たとえば、おにごっこやどろけいでは、京香《きょうか》は追いかけてつかまえたりするのがむずかしいので、つかまった人に京香が手でタッチすると、「タッチされた人は復活できる」という、子どもたちが考えた独自のルールです。朝の体育集会に京香が遅刻《ちこく》したりすると、「やっと来た！　京ちゃんが来るのを待ってたよー」と、まるで女神の出現待ちでした。

ドッジボールでは、外野の3分の1をコーンで仕切って「京ちゃんゾーン」とし、そこに転がってきたボールは京香ボール。そのボールを斜面《しゃめん》台を使って京香の手をだれかが介助《かいじょ》していっしょに転がします。転がったボールに当たった人はアウトで、転がり止まる前にボールをさわった人もアウトというルールです。

COLUMN

授業の工夫と、先生と子どもたち②

理科の授業で、顕微鏡《けんびきょう》で観察する場面がありました。京香《きょうか》の場合、どのようにしてもレンズをのぞきこむことが困難なので、「何かよいアイデアないかな」と校長先生が理科の先生へ声かけしたところ、「顕微鏡の画像をプロジェクターで映し出す方法ができるかも」となりました。おかげで、くっきり鮮明《せんめい》な画像が観察できました。

一方、自分たちで必死に顕微鏡を調節してがんばったものの、結局うまくいかなかったほかの生徒たち。彼《かれ》らも、プロジェクターの鮮明に映った映像の恩恵《おんけい》を受けました。

水泳は背泳ぎで参加。先生もバッグバルブの練習をする

バスケットボールでは、先生手作りのゴールを使ってシュートをしました。サッカーでも「足型ボール」を先生が作ってくれ、けるのはクラスメートも手伝ってくれて参加します。バレーボールは、先生用の巨大《きょだい》な分度器を使って体の正面でレシーブをします。目盛りのついているふちと持ち手部分以外は穴になっているので、ボールがせまってくるスリルを味わうことができます。大なわとびも、大なわが頭上から降りてくる前に輪からすりぬけるスリルを味わいます。運動会での大なわとびでは、いっしょにとべない代わりに、オープニングで「京ちゃんすりぬけ」を行ってから「開始」の合図でみんながスタートしました。クラスメートが一枚一枚作った数字カードで、とんだ回数を記録する役目も果たしました。

実技系の授業は本人も大好きで（体育、音楽、技術家庭科が好きだそう）、毎回目をかがやかせて楽しく取り組んできました。

今の工夫の積み重ねがやがて来る高校受験へと

ほかにも、たとえば音楽の場合などは楽器のアプリやDropTalk《ドロップトーク》というアプリを使って発表する機会に活用しています。中学校での学年イベントである百人一首大会では、京香《きょうか》は詠《よ》み手をDropTalkで行う予定です。クラスで詠み手の衣装を考えることになり、「ちょっと京ちゃん測らせてねー」と、男子が採寸しに来たらしく、びっくりして緊張《きんちょう》したそうです。

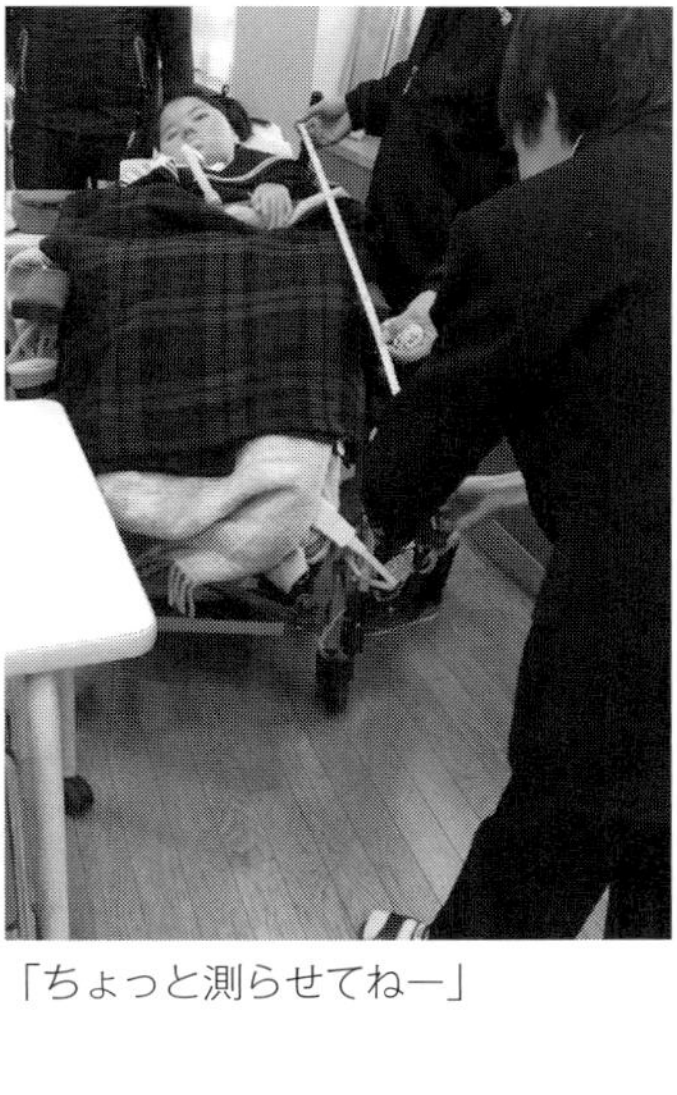
「ちょっと測らせてねー」

英語の授業などでは、事前に先生に単語を入れてもらい、クラスメートと会話の練習をしたりもします。英語の読み上げ機能を使えばとてもなめらかな発音で発声してくれるので、友達からも「すげー」と歓声《かんせい》が上がります。また、クラスの係として天気予報係を担当しているので、「明日の天気」をみんなに伝える役目もDropTalkで果たしています。

アナログなもので参加を考える場合もあれば、タブレットのほうがよいときもあるので、先生と親とが連携《れんけい》をとりながら見極めて使いこなせれば世界も広がります。デジタルのものが必ずしもいいとは限りません。

テストではみんなと同じ問題が出されますが、先生による問題の読み上げが必要なので、ケアルームで個別にテストを受けます。見やすいように文字を拡大したり、選択肢《せんたくし》を選ぶのはカードを目の合図で答えるようにしたりと配慮《はいりょ》されています。高校受験の配慮に向け、今の段階から、タブレットなどを取り入れる工夫を学校生活の中で積み重ねることは大切だと感じます。

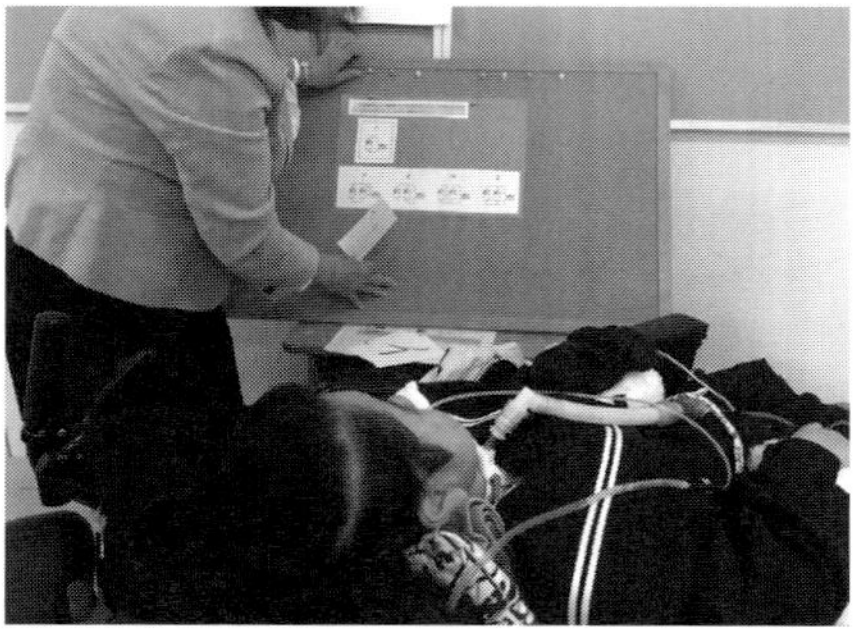
テストはケアルームで個別に受ける

真のインクルーシブ教育へ

教育に関する障害者運動の歴史をふりかえって共生教育を考えると、学籍《がくせき》は特別支援《しえん》学級（以下、支援学級）に置き「同じ教室ですべての授業を交流させてもらう＝全面交流」という状況《じょうきょう》を選ぶことが主流となっていました。障害児にとって地域の学校ですごすための方法として、それが最善のてだてと考えられていたのです。

インクルーシブ教育とは、まず学籍《がくせき》を分けられず、同じ学級の中で子どもに必要な合理的配慮《はいりょ》が受けられ、区別・排除《はいじょ》・制限を受けることなく、どの授業にも本人が参加できるように、まわりに変更《へんこう》・調整が加えられた環境《かんきょう》をさしていると私たちは思っています。そういった目標に向かって実践《じっせん》してくれている今の中学校へ感謝しています。京香《きょうか》が通常学級で生活する中で、クラスの子どもにも、担任の先生にも、主幹教諭《きょうゆ》にも、看護介助《かいじょ》員にも、だれにも分けない心持ちがあり、真の結束になっていることを実感しているからです。
2学期の個人懇談《こんだん》で「この半年間、いっしょにすごしてきたクラスの子どもたちは、たがい

COLUMN

授業の工夫と、先生と子どもたち③

技術家庭科は校長先生の担当教科ですが、ミシンを使う授業でのこと。「京ちゃんの視界でミシンをぬっていくところを見えるようにしてあげたい」との発想から、ストレッチャーのひじ置きに固定させる台を手作りしてくれました。台の上にミシンを置いて、校長先生が介助《かいじょ》しながらいっしょにぬう作業をしました。だれかに代わりにぬってもらうのではなく、自分の手でしっかりと布をおさえてぬうことができました。

真剣《しんけん》なまなざしの表情が写真に収められており、達成感が伝わってきましたが、報告する先生方の笑顔にも同じものがありました。

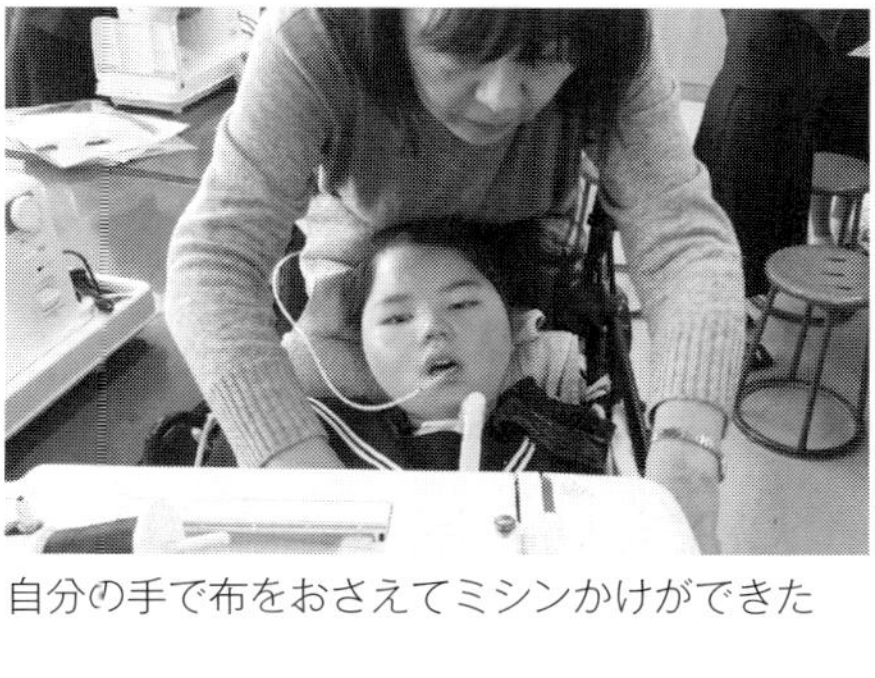
自分の手で布をおさえてミシンかけができた

を認め、京香さんとすごすことで、みんなが落ち着いているように思う。ほかのクラスと比べてもやさしく、まとまりができ、のびのびと成長してきた」と担任の先生が語られたことが何よりうれしく、ともに生きる意味を実感できた言葉でした。

校長先生からは、「定型的な発達ではなく、自分からの発信が困難なところもたくさんある。正直、教科の勉強は京ちゃんにとってはむずかしいのでは、と思うこともある。でも、同級生の声の中にいる、クラスの子たちが動き回る風の中にいる、ということ自体が京ちゃんにとって刺激《しげき》になり、大切にしたいというのであれば、学校としてはそこをしっかりサポートしていくのみ」との言葉もありました。また、「高校への引きつぎでは、京香さんとの生活が楽しかったと伝えたい」とも。

3つの参加方法の使い分けが大切

インクルーシブ教育を進めていく中で、「基準：ものさし」が必要になる場面が多々あります。障害をもつ子ともたない子が学校生活を送るとき、同じ内容で授業ができないときに何を基準にして進めていくかということです。

学習や活動の参加においては、①ほかの子と同じ内容を工夫した方法で行う、②ほかの子と別の内容、③（本人がみんなに合わせるのではなく）学校やほかの子のほうが変更《へんこう》や調整をする、という3つの基礎《きそ》パターンが考えられます。この3つの使い分けを、当事者の立場に立って担任がうまくできることが大切で、そうでないと、区別や排除《はいじょ》、または制限をされてしまい、悲しい思いをすることになります。特に主張したいのは、①を試さずに最初から②を定着化させてはいけないということです。

たとえば京香《きょうか》は、バスケットボールの授業では手作りのゴールを準備してシュート練習を介《かい》助《じょ》者の手を借り、①でいっしょに参加しますが、運動会の騎馬《きば》戦では騎馬は組めないので、太《たい》鼓《こ》をたたいて開始合図を送るという②で参加しました。また、800m走では①で（ストレッチャーをおして走ってもらい）みんなといっしょに競い合いますが、距離《きょり》を短くするなどの配《はい》慮《りょ》はしてもらいます。③は、「京ちゃんルール」を取り入れて内容をオリジナルに変更したときのやり方です。同じ内容・方法でよいときと、別の参加のしかたを考えるときと、どんな可能性があるかを常に考え続けます。車いすで同じことができないから見学しててね、という選《せん》択《たく》肢《し》は、ないほうがいいのです。

障害者権利条約の理念を伝えて

障害者権利条約は、「他の者との平等」を保障するために、障害のとらえ方のパラダイムシフトを人々に求めています。すなわち「医学モデルから社会モデルへ」です。障害者とは、その存在を前提とせずにできあがっているモノ、文化、ルール、常識が、生活するうえで障壁《しょうへき》になってしまっている人のこと。そういう障害者観が示されています。障害者をとりまく社会的障壁をなくすことが求められているのです。当事者が障害を克服《こくふく》して健常者に近づく努力を求めるような古い視点は転換《てんかん》し、社会が変わっていくように求める時代となりました。

これは教育委員会、学校との話し合いの場において、もっとも重要な考え方です。障害当事者の視点で作られた条約を関係者に知ってもらうことが重要だと思います。世間には「障害者は行政を相手に戦い続ける」というイメージをもつ人がいるかもしれませんが、行政と敵対したいからではなく、日本は条約に批准《ひじゅん》しているので、職務にあたっての当然の前提として理念を理解してもらいたいから、伝えるのです。

毎月はるよこいの会報を市教委や県教育委員会へ手わたしに足を運び続ける川本さんにしても、活動や話し合いを10年以上重ねることで、教育委員会などと、障害当事者の思いや人権についての理解がともに深まるような関係性ができてきたのだと感じます。地域格差は確かにあるようです。しかし、何より、共通の基盤《きばん》で話し合える関係性ができているかどうかが大事で、そのちがいで大きく学校環境《かんきょう》もちがってくることを実感しています。

「共生」は法律で保障されている

それぞれの多様な場で教育が保障されることが必要なので、不平等な環境《かんきょう》をまずは改善していくことが優先的に必要と感じます。それには、予算的な問題よりも、学校内のルール（たとえば、人工呼吸器ユーザーは親が学校でつきそいできなければ訪問籍《せき》になってしまう、医療《いりょう》的ケア児だけ給食の時間はみんなとは別の部屋に集められて食べるなどの細かな制限）をはずす、習慣を変更《へんこう》・調整することが必要だと感じています。分離《ぶんり》教育で育ってきた世代の人からすると、支援《しえん》学校のほうが障害者にとって整った環境だと思われることがほとんどですが、実際には地域の学校で合理的配慮《はいりょ》を要望した子どものほうが環境がよいことさえあります。不平等だと親が感じてしまう支援学校のさまざまな制限が改善されることも必要だと感じます。

京香《きょうか》が就学するときに、「京香ちゃんは知的障害がないから通常学級に入れた」と言われたことがあります。これは、知的能力や障害の程度によってふり分けられるという分離教育の習慣が一般《いっぱん》常識のようになっているのだと思います。私たちも、就学活動をしなければ気づかなかった部分でもあります。分けられることに違和《いわ》感も感じていなかったかもしれません。「全《すべ》て障害者は、可能な限り、どこで誰《だれ》と生活するかについての選択《せんたく》の機会が確保され、地域社会において他の人々と共生することを妨《さまた》げられない」と、障害者基本法にもあります（第3条第2号）。

学ぶ場を分けることは、子どもにとっても、親にとっても、弊害《へいがい》が出てしまう危険性があることを教育行政が理解して、本当の意味でのインクルーシブ教育へ日本が向かっていくことを願っています。

次は高校受験に向かって

三女の出産にあたって、陣痛《じんつう》が来たら京香《きょうか》をどこに預けるのがよいかになやんでいました。いざというときのためにレスパイト入院も試したりしたものの、在宅のようには指示が通らず連携《れんけい》がされないことや、本人と向き合えない看護師の多忙《たぼう》な仕事環境《かんきょう》があり、慣れない看護師に京香自身がたえられませんでした。結局は、レスパイトにたよらず在宅支援《しえん》（看護師、ヘルパー）で乗り切ることを選択《せんたく》。出産時は深夜にもかかわらずヘルパーさんと京香、千陽《ちはる》、二人の姉が病院にかけつけてくれ、妹の誕生に立ち会うことがかないました。

そして母子の入院中も、夫が京香の送りむかえをしてくれたことで、ふだんどおりに登校でき、在宅の支援をいつもと同じように受けつつ、切れ目のない支援が整った生活で乗り切ることができま

三女誕生。京香《きょうか》は二人の妹の姉に

した。京香が乳児のころから、連携をとりわが家を支えてきてくれたみなさんのおかげだと、つくづくありがたく思います。

娘《むすめ》が生きていく中で、今後の一つの山が高校受験です。そして、卒後の自立生活、就労です。障害をもつ子どもの可能性に制度が追いついていないこともたくさんありますが、これからも分けない教育の実現をめざして、高校、大学へと、娘たちとともに進んでいきたいと思っています。

4 夢は海外旅行とディズニーランド

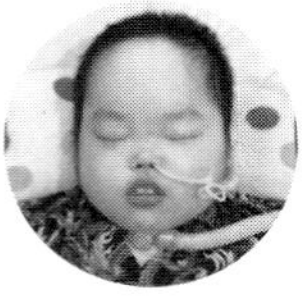

プロフィール

三原　健太郎（みはら　けんたろう）　2006年7月23日生まれ・小学6年生

予定日より3か月早く1168グラムで出生。未熟児網膜症《もうまくしょう》*、胆道閉鎖症《たんどうへいさしょう》の手術後在宅生活へ。目は見えない。3歳《さい》直前に急性脳症《のうしょう》になり、人工呼吸器をつける。日常的に痰《たん》の吸引が必要。家族は両親と姉。執筆《しっぴつ》は父大悟《だいご》。広島県在住。

在宅生活に向けての話し合いの場で

2006年7月に生まれた健太郎《けんたろう》は、未熟児ではありましたが、人工呼吸器は使用していませんでした。しかし、早く生まれた影響《えいきょう》で目に病気があり、目がまったく見えませんでした。また、成長もおそく、1歳《さい》を過ぎてやっと座れるようになり、2歳を過ぎてやっと伝い歩きができるようになりました。目は見えませんでしたが、耳はよく聞こえていて、家族の話を聞いていては「いやー！」とおこることもあれば、機嫌《きげん》よく歌を歌うこともありました。そんな中、3歳の誕生日直前の夏、大分へ家族旅行中に急性脳症《のうしょう》という病気になり、それ以来、人工呼吸器をパートナーとして（「バクバクっ子」となって）、半年間の入院生活をすごし、やっと家に帰れることになりました。

健太郎がバクバクっ子になって半年後の秋の終わりごろ、入院していた病院で

*網膜《もうまく》（ものを見るのに欠かせない目の組織の一つ）の血管が異常増殖《ぞうしょく》する病気。重い視力障害、失明の原因となる。網膜血管は母体にいる期間の終わりごろに発達するため、未熟児の多くがこの病気をもつ。

退院に向けてカンファレンスというものがありました。健太郎が退院してからの生活をサポートしてくれる、訪問看護の担当者やヘルパーさん、病院のドクターや看護師さんなど、いろいろな人が集まって今後のことについて話し合うものです。退院後の家での生活についてみんなで話をし、司会の人が「家族から何か言っておきたいことがありますか」と言われました。

2歳《さい》半ごろ。歌が上手で、すぐに覚えた

その一言が家族の未来を決めた

すると、妻の雅子《まさこ》が口を開きました。

「私たちの夢は、健太郎《けんたろう》を連れて海外旅行とディズニーランドに行くことです！」

これを聞いたドクターや看護師は目をまんまるにしておどろいていました。いや、いちばんおどろいたのはとなりにいた私かもしれません。「何を急に言い出すんだ‼」と。しかし、雅子は最初からあたりまえに、健太郎も一人の家族としていっしょにお出かけするつもりだったのです。私も、最初はびっくりしましたが、目標をもっていたほうが、生活は楽しめると思い、それから、何でもチャレンジしよう！　と思えるようになりました。そう考えると、雅子のそのときの一言が私たち家族の未来を決めたように思います。

初めての旅行は大分へ

その年末に退院し、家での生活を始めると、最初は慣れない医療《いりょう》的ケアや、24時間のケアで睡眠《すいみん》も少なくなり、一日一日をすごすのがせいいっぱいでした。しかし、夫婦で分担して健《けん》太郎《たろう》のケアをしていたおかげで、1か月もすると慣れてきて、いよいよお出かけをしたくなってきました。もともと三原家は、国内はもちろん、目が見えない健太郎に海外の風を感じてほしいと、家族旅行でサイパンに行ったこともありました。健太郎がバクバクっ子になっても、家族でいっしょにお出かけできるように、バギータイプの車いすも制作して近所の散歩もしました。

初めて車で出かける計画を立てるとき、最初は県内、もしくは近県にしたほうが安心だな、と思っていました。しかし、雅《まさ》子《こ》が言い出したのは、「退院の報告をしに大分へ行こう」でした。自宅のある広島県から大分県までは、片道450kmもあります。休憩《きゅうけい》なしで車を運転しても6時間はかかる長距離《きょり》です。何でもチャレンジしようと心に決めてはいましたが、さすがに「もうちょっと近くからにしない?」と言いました。しかし雅子は、「いったん車に乗ってしまえば、県内も大分もいっしょ

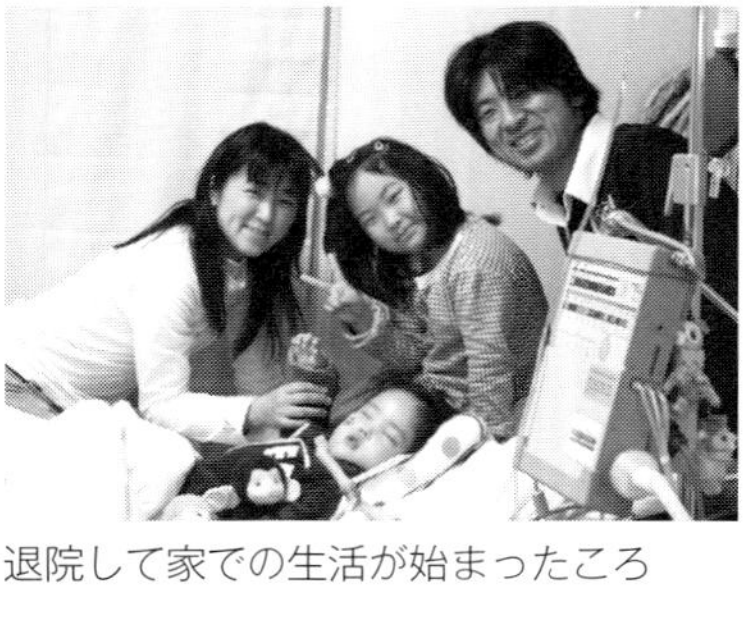

退院して家での生活が始まったころ

よ」と言います。もう、こうなったら覚悟《かくご》を決めるしかありません。

わが家には車いす対応の車はありません。ワンボックスの後部座席をたおして、ベッド状にすることだけは決まりましたが、呼吸器の電源をどうやってとるのか、車の中で、健太郎の食事の注入はどうするのか、など、考えることは山のようにありました。まず、電源は車のバッテリーにインバーターを接続して、コンセントをさせるようにしました。次に車やホテルでの注入は、百均ショップに売っているS字フックを使用することで問題は解決しました。そのほかも、今考えるとむだも多かったように思いますが、何かあったときのために！　と思うと、余分な荷物もたくさん持っていったように思います。そういう面では車でのお出かけは、荷物が増えても荷台に入れておけばよいのでなんとかなりました。

そして、翌年2月、大分への凱旋《がいせん》旅行を実現。お世話になった看護師さんたちに会って退院報告ができたのです。退院してたった2か月後のことでした。

次は飛行機だ！

無事、車でのお出かけをクリアした私たちは、その半年後に初めての飛行機旅行の計画を立てました。雅子《まさこ》いわく、「最終的には海外旅行に行くんだから、飛行機に乗る練習をしておかないと」だそうです。そして、飛行機で旅行に行くことだけが先に決まりました。

三原家の旅行の行き先を決めるのはいつも雅子です。そのときに行きたいところや、家族が喜びそうなところ。または、前から行ってみたかったところなどから、ピンときた場所を選ぶそうです。ということで、今回の行き先は「北海道」と告げられました。北海道は札幌《さっぽろ》や函館《はこだて》など以前も家族で行ったことがあったので、一度行った慣れたところに行くのかな、と思っていました。しかし、「日本最北端《さいほくたん》の地、北海道の稚内《わっかない》に行こう！　そして、礼文《れぶん》島、利尻《りしり》島にも行こう！」ということでした。

しかし、稚内に行くには、広島からだと一度東京まで飛行機で行き、乗りかえをしなくてはいけません。いきなり……、と思うひまもなく、行き先は決定となり、着々と準備は始まりました。しかし、飛行機での旅行となると車でのお出かけとちがって未経験のことだらけでした。

飛行機に乗るための準備あれこれ

まずは、飛行機に人工呼吸器を持ちこむための手続きです。持ちこむものは、人工呼吸器だけではなく、その電源をとるためのバッテリーや吸引器もあります。そして、本人の体調を確認するためのパルスオキシメーターも持ちこんで使用します。飛行機では離着陸《りちゃくりく》時に、「すべての電子機器の電源をお切りください」というアナウンスがありますが、人工呼吸器などの健《けん》太郎《たろう》のまわりの機械は、離着陸時だからといって電源を切るわけにはいきません。こういったことは、すべて事前に申請《しんせい》が必要で、さらには、申請しても持ちこみできなかったり、離着陸時に使用ができなかったりする場合もあるということがわかりました。

　持ちこむ機器などの事前の申請は、航空会社によってちがいがあります。初めての飛行機旅行でお世話になったのはＡＮＡでしたので、そのことについて紹介《しょうかい》します。まず、人工呼吸器ですが、健太郎が使用しているフィリップス・フジレスピロニクス社（現在はフィリップス社）のＬＴＶ１０００は機内の持ちこみ、常時電源を入れての使用もＯＫでした。また、パワースマイルという健太郎が使用している吸引器も持ちこみ、使用ともにＯＫです。酸素ボンベの持ちこみもＯＫでしたが、本数は２本まで（国内線の場合）と決まっていました。人工呼吸器については一覧表があり、たとえば、フィリップス社のＬＴＶシリーズは持ちこみ○、離着陸時の使用も○となっていましたが、メーカーや機種によっては、離着陸時の使用は×というものもありました。別のバクバクっ子は、使用している人工呼吸器が離着陸時に使用が認められていないため、離着陸時にはアンビューバッグという手動の人工呼吸器を使用せざるを得なかったと聞いたことがあります。新しい機械などは、安全性が確認できていないという理由で認められないことがあると聞きましたが、命にかかわることなのに、と思いました。

　機器類の持ちこみ、使用はこれでＯＫとして、次はどうやって健太郎が座席に座るかという問題がありました。健太郎は自分で体を動かすことができないので、身の回りのことはすべて人にたよらなくてはいけません。また、自宅ではベッドで生活をしていて、立ったり座ったりの姿勢をとるのはとてもむずかしいです。そんな人のために飛行機にはストレッチャー席というものがありますが、通常の座席の6席分を使用して折りたたみ式のベッドを出すので、通常の何倍もお金がかかってしまいます（料金は航空会社によってちがいます）。そこで、通常の席に座る方法を考えました。そうすれば、1人分の料金でだいじょうぶです。

いざ飛行機に！　乗るまでが大変だ！

空港では、飛行機に乗りこむ前に、健太郎《けんたろう》はバギーから空港のリクライニング式ストレッチャーに乗りかえました。横幅《はば》が機内の通路を通れるサイズなので、座席近くまでスムーズに移動することができます。ちなみに、車いすはバギー式のように折りたためる場合は折りたたんで小さくして、折りたためないタイプはできるだけ小さくして預けます。

預ける前、バギーから座面と頭のまくらを取りはずしておきます。これが、私たちが考えた通常の座席に座るためのアイディアなのです。最初は車で使用しているカーシート（車

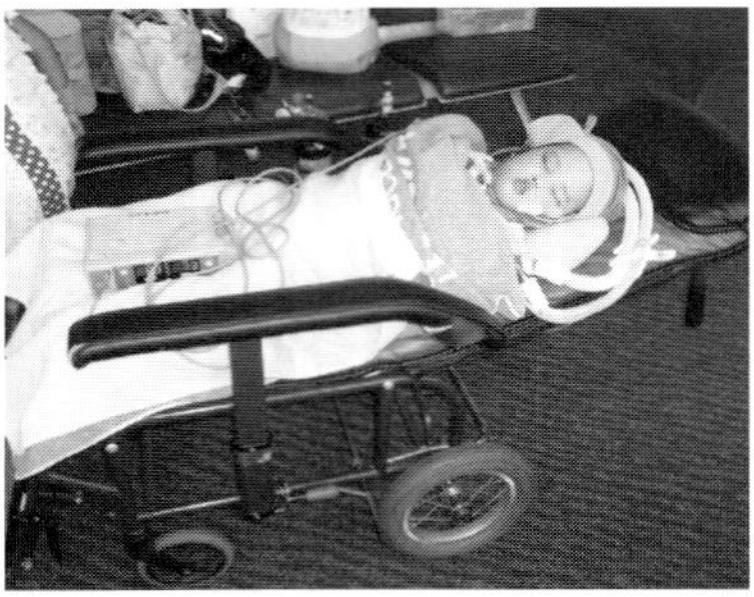

空港のストレッチャーで機内に

いすのメーカーさんにお願いして、健太郎に合わせて作ってもらったもの）を使用しようと思いました。が、安全性の問題で機内では使用できませんでした。そこで、いろいろ考えた結果、次のような手順で座席に座ることにしました。

まず、座席の上にすべり止めシートをしき、その座席の前方ギリギリにバギーの座面を置きます。そして、そこに健太郎をだっこして移動し、座らせます。座席のリクライニングは、離《り》着陸《ちゃくりく》時は起こさないといけないので、背もたれは起こした状態で本人のリクライニングの体勢を作らないといけません。バギーの座面には、またのズレ防止のふくらみがあるので、座席前方ギリギリに置いた座面におしりを乗せると、それ以上おしりは前にずれないようになっています。そこから上体を背もたれにたおしていくと、背中の部分にすきまができます。そこで、背中と背もたれのすきまに、まくらや毛布をしきつめて体を安定させれば、背もたれは起こしたまま、本人はリクライニングの体勢をとることができます。最後に、頭にまくらをセットし、ズレ防止のため胸にベルト（航空会社が用意してくれました）をすれば、無事座ることができます。健太郎の横に家族が座れば、本人のようすを確認でき、吸引など

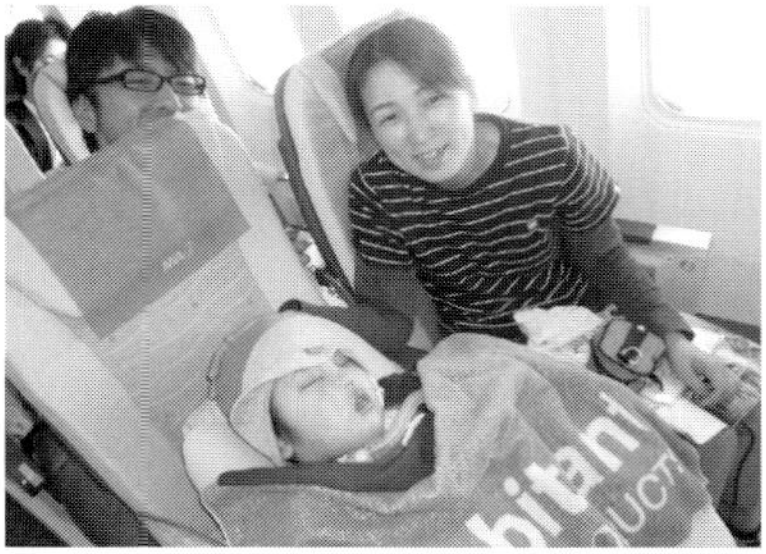
バギーのパーツを使用して、楽な体勢に

のケアができます。ちなみに、人工呼吸器やバッテリーなどは本人の座席の下に置かないといけないので、健太郎の後ろの座席も家族が座るようにしました。

出発前にトラブル発生

実は、飛行機に乗る3日前にちょっとしたトラブルがありました。車で行く旅行とちがい、多くの荷物を運ぶのは大変です。稚内《わっかない》に着いたら空港からレンタカーを借りることにしていたので、レンタカーの営業所に2日目以降の荷物とカーシートを宅急便で送ることにしました。通常、広島県―北海道は2日あれば荷物が着くそうです。あまり早く送るのも迷惑《めいわく》と思いましたが、逆にギリギリでも不安なので、3日前に宅急便の営業所に荷物を持ちこみました。送り状を記入して、荷物の中身に「衣類等」と書いて出しました。すると、「荷物の中に液体はありますか」と聞かれたのです。

荷物の中身は、健太郎《けんたろう》の着がえ、おしめ、食事の栄養剤《ざい》（エンシュアとラコール）、加温加《か》湿《しつ》器に入れるための蒸留水などがありました。ほかに家族の着がえなどもありますが、栄養剤と蒸留水は液体です。なんでそんなことを聞くんだろう、と思いながら、「あります」と答えました。すると、営業所の人が少し困った表情になり、それを見て私も不安になりました。

「北海道への荷物は航空便になります。しかし、荷物の中に液体があると安全性の確認のためにいったん荷物を開けて、液体の成分を確認する場合があるんです……」

それって、どういうこと？　荷物は届かないの？

「ふつうは2日で届きますが、中身の確認をした場合到着《とうちゃく》がおくれる場合があるんです……」

えっ⁉　3日後のお昼までには荷物が届かないと困るんです！　と伝えましたが、それまでに到着する保証がないと言われました。これは、困りました……。かといって、すべての荷物を飛行機で持っていくのは大変です。そこで、何か手段がないか聞いてみました。すると……。

「航空便ではなく、陸送（トラックで運ぶ）なら、確実に3日で届きますよ」

そこで、ドキドキしながら「3日後のお昼までに届きますか」と聞くと、3日後の午前中には届くことを確認してもらい、心の中で大きくガッツポーズをしました。とりあえず、一安心です。今回の旅行で初めてのトラブルを経験しましたが、なんとか別の方法を見つけることができ、今後の旅行時の大切な知識がストックされました。

酸素業者のサービスはすばらしい

荷物の発送ではヒヤリとしましたが、酸素については業者のすばらしいサービスを体験しました。

健太郎《けんたろう》はいつもは酸素を使用していません。しかし、ちょっと調子が悪いときには使用します。また、外出時には何があるかわからないので、行きから帰りまで使用できるぐらいの酸素ボンベを持参していました。飛行機に持ちこめる酸素ボンベは2本まで。これでは、二泊三日《にはくみっか》の旅行では全然足りません。そのことを事前に酸素業者に相談すると、関連会社と連携《れんけい》して、北は北海道から南は鹿児島《かごしま》まで、必要な酸素ボンベやホテルの部屋で使用する酸素濃縮《のうしゅく》器を手配してくれるということでした。ホテルに着くと部屋に配達・設置してあり、安心してすごすことができました。

北へ！　南へ！

こうして、7月28日から30日の二泊三日《にはくみっか》、ついに飛行機に乗って北海道の稚内《わっかない》に行きました。空港に着いてからはレンタカーで稚内をドライブし、2日目はそのままフェリーに乗って礼文《れぶん》島、利尻《りしり》島に行きました。少し小雨が降っていましたが、車での移動なので大きな問題もなく、ウニのからむきを体験したり、トナカイ牧場に行ったりしました。

肝心《かんじん》の健太郎《けんたろう》の体調は、とても落ち着いていました。ウニのからむき場では、ウニのチクチクをさわったり、牧場では、トナカイの近くまで行って、においを感じたり見たりしました。しかし、健太郎が何を考えているのか、私たちに何か言っているのかは、私にはわかりませんでした。また、目の見えない健太郎がいろいろなものを見ているとも正直思えませんでした。

健太郎の気持ちよりも、とにかく旅行の日程を終えることにせいいっぱいだったように思います。そんな中、彼《かれ》の３つ上の優《ゆう》は、健太郎をふくめた家族全員の旅行をとても楽しんでいたようで、親としては本当にうれしく思いました。健太郎も、優のようにしゃべったり表情を変えたりしてくれたらよいのになと、このときは思っていました。

この旅行で特に印象的だったのは、稚内のいちばん北にある「日本最北端《さいほくたん》の地」という碑《ひ》を見たときでした。数か月前は、どうやって飛行機に乗ろうかと考えていたのに、その目標をクリアして、今、日本のいちばん北に来ている。そう思うと、ふと「次は南に行ってみたいなー」と思いました。そして、それをつい口に出してしまったのです。すると、雅子《まさこ》はすぐに「よし！　じゃあ、次は日本最南端《さいなんたん》に行こう！」と、その場で決めてしまったのです。旅行もまだ中盤《ちゅうばん》だというのに、日本のいちばん北に来た瞬間《しゅんかん》、次の目標は日本のいちばん南に行くことになってしまいました。でもこのとき、日本最南端の地が私たちを呼んでいる！　そんな気がしたのです。

日本最北端《さいほくたん》の地で記念撮影《さつえい》

針路は南へ！

北海道旅行から1年後の夏、8月8日から11日の三泊四日《さんぱくよっか》で、約束どおり日本最南端《さいなんたん》をめざす旅行に出かけました。

この時期、地域での生活は、人工呼吸器を使用しているという理由で、以前通っていた保育園は行けなくなり、肢体《したい》不自由児の専門施設《しせつ》でさえ通うことができずにいました。私たちは、健太郎《けんたろう》のことをあたりまえに一人の家族と考えていましたが、まわりは、あくまで「人工呼吸器を使用している子ども」と見ていたように思います。そういった人々に、もっと健太郎はいろんなことができるんだ！　とアピールする意味も、この旅行にはあったように思います。

さて、日本でいちばん南にあるのは沖縄《おきなわ》県ですが、その中でも波照間島《はてるまじま》という離島《りとう》に「日本最南端の地」の碑《ひ》があります。広島県から飛行機で沖縄県の那覇《なは》まで行き、飛行機を乗りかえて石垣島《いしがきじま》に行きます。そこから港に移動して、最後は船で1時間ほど移動すると、やっと波照間島に到着《とうちゃく》します。なので、朝一番に家を出発して、波照間島に到着するのは夕方という、ほとんど移動だけの一日です。

新たな心配事が…

北海道旅行の経験を生かし、飛行機の事前手続きも無事終わりました。しかし、前回と少しちがい、心配事が3つありました。1つ目は、北海道のときより移動時間が長いため、外部バッテリーが途中《とちゅう》で切れないか、2つ目は、石垣《いしがき》空港から石垣港離島《りとう》ターミナルまでタクシーで移動するしかないが、車いす対応のタクシーがあるのか、3つ目は、波照間島までの船に車いすが乗れる場所があるのか、という今まで経験したことのない心配事でした。

1つ目のバッテリーについては、充電《じゅうでん》を満タンにしておけば約9時間は使えるとメーカーから聞いていました。そのバッテリーが1つしかなかったので、旅行の途中でコンセントにさして充電しながら行かないといけません。しかし、バッテリーには人工呼吸器をつなぐ差しこみ口と充電用の差しこみ口が同じで、1つしかありません。そこで、DIYが好きな私は、部品を購入《こうにゅう》して、バッテリーに差しこみ口を1つ増設しました。これで、人工呼吸器の電源をとりながら充電できるようになりました。

2つ目の移動手段についてですが、一般《いっぱん》的には福祉《ふくし》タクシーとよばれる、車いす対応のタクシーを利用します。しかし、沖縄《おきなわ》の離島では台数が十分あるとは考えられません。さらに、健太《けんた》郎《ろう》のバギーはリクライニングするストレッチャータイプなので長さがあり、どの福祉タクシーでも乗れるわけではなく、ス

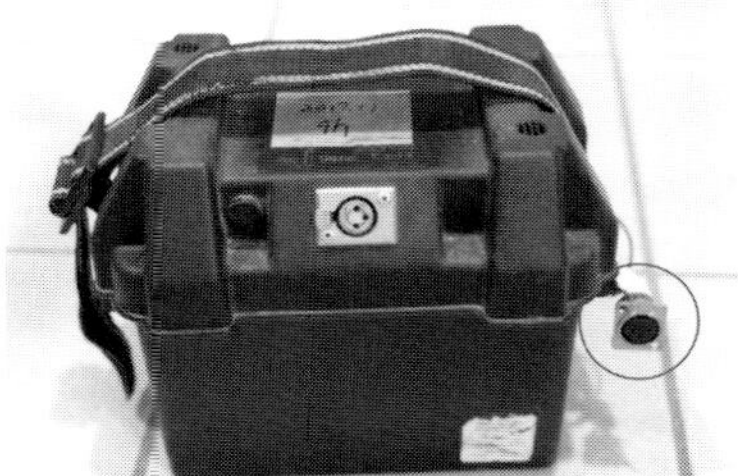
バッテリーの差しこみ口を増設（右側）

トレッチャー対応の福祉タクシーが必要です。しかし、逆にこのバギーは小さく折りたたむことができるので、通常のタクシーのトランクになんとか入りそうです。そこで、後部座席で健太郎をだっこして乗り、バギーやその他の荷物をトランクに入れて行くことにしました。これなら、わざわざ福祉タクシーを探さなくてもだいじょうぶです。

３つ目の船については……。行きあたりばったりで行くことにしました。事前に調べたところ、船の後方に荷物置き場があり、スペース的には広そうです。ただ、後方部は前方に比べるとゆれが大きいようです。健太郎は首に力が入らないので、自分の頭を支えることができません。大きく船がゆれると首元のカニューレがぬけてしまう心配もあるのです。そこで、座席と座席の間の通路に乗れるのではないか、いや、きっと乗れる！　よし、あとは行ってからやってみよう！　ということになりました。基本的には、事前に準備をしっかりしますが、わからないときは勢いで乗り切ってしまうのも大事なことだと思っています。

酸素業者のサービス対象外！

しかし、事前準備のいちばんの問題点は酸素のことでした。北海道のときは、酸素業者同士の協力で、北は北海道から南は鹿児島県《かごしま》まで、宿泊《しゅくはく》先に酸素ボンベ・酸素濃縮《のうしゅく》器の配達・設置をしてくれましたが、今回の旅行先は波照間島《はてるまじま》……。いや、そもそも沖縄《おきなわ》県が、酸素の手配は対象外でした。こうなったら、酸素ボンベを必要な数だけ送るしかありません。しかし、いろいろな宅配便や運送業者に問い合わせてみましたが、ほとんどの業者に断られました。唯一《ゆいいつ》運んでくれたのが、郵便局のゆうパック。それも、航空便ではなく船便限定でした。

航空便がだめなのは、北海道の経験でわかっていましたが、船便でも基本的に断られたのは困りました。しかし、とにかく一社でも対応する業者があったことにほっと胸をなでおろし、北海道の経験から余裕《よゆう》をもって1週間前に発送しました。いくら船便で時間がかかるといっても、1週間あればだいじょうぶだろう！　と。しかし、ちょっとドヤ顔で発送した私たちの期待を裏切ることが、実は起こっていたのです。

いざ、波照間島へ出発

8月8日、いよいよ沖縄《おきなわ》へ向けて出発しました。飛行機はもう慣れたものですが、毎回、上空に上がると、気圧の関係なのか人工呼吸器から本人への呼吸の入りが少し悪くなります。これは、北海道のときも同様のことがあったので、飛行機に乗るときは少し酸素を流したほうが本人は楽なようです。無事、那覇《なは》空港へ、さらに次の目的地の石垣島《いしがきじま》へ行きました。石垣空港から石垣港離島《りとう》ターミナルまでは、予定どおり通常のタクシーで移動しました。後部座席に健太郎《けんたろう》をだっこしたまま私が座り、雅子《まさこ》はバギーをたたみ、その他の重い荷物もまとめてトランクに入れてもらいました。あとで知ったのですが、運転手さんが「お父さんは何もせんなー」と言っていたそうです。いやいややいや、車内で身動きがとれなかっただけです……。

石垣港離島ターミナルでは、バッテリーの充電《じゅうでん》をしながら船の時間を待ちました。健太郎は静かにしていましたが、きっと、広島と沖縄の気温や空気のちがいを感じ取っていたのでしょう。姉の優は、水槽《すいそう》のさかなを見てはさかなの図鑑《ずかん》を開いて「あれは何かな？　これかな？」と大はしゃぎでした。沖縄のさかなは、広島近辺で見るさかなとはずいぶんちがっていて、水族館の気分だったようです。

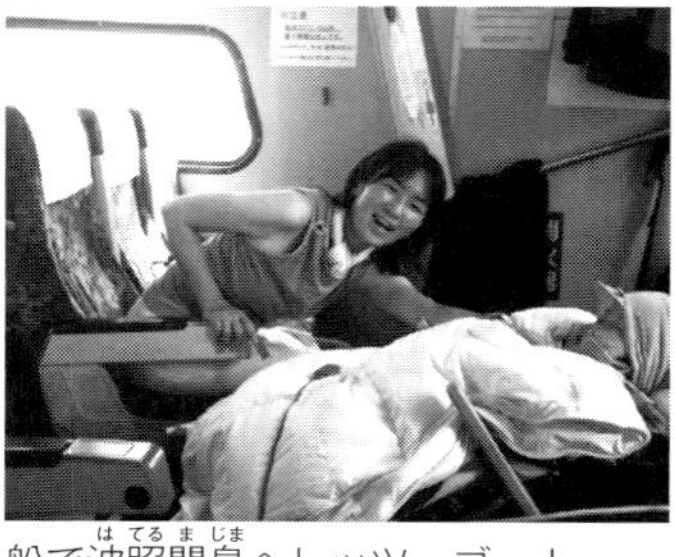
船で波照間島《はてるまじま》へレッツ・ゴー！

いよいよ船に乗って波照間島《はてるまじま》に向かいました。波照間島までの移動時間は約60分。目的地が近くなり、ワクワクしてきました。船は思っていたより小さかったけど、座席と座席の間の通路にギリギリ健太郎がバギーに乗ったまま入ることができ、予定どおり船のゆれが少ない、座席のいちばん前へ行くことができました。船が出発し、きれいな海を見ながら最後の移動の船旅を楽しんでいたのです。ここまでは……。

外洋での試練

出発して30分ぐらいはおだやかで、船もほとんどゆれませんでした。石垣《いしがき》諸島の小さな島々の間を船は進んでいきます。このあたりは「内洋」とよばれ、波もほとんどありません。広島県の瀬戸内海《せとないかい》が同じような感じなので、私の海のイメージと変わりはありませんでした。しかし、島々をぬけて「外洋」の太平洋に入ると、ものすごく波が高くなりました。

船に波が打ちつけるたびに、「ドッオッン！　ドッオッン！」と激しくゆれます。いくらゆれにくい前方にいるとはいえ、波が打ちつけるたびに健太郎《けんたろう》の頭がグラグラとゆれます。あまり頭がゆれると本人がしんどいだけでなく、首元のカニューレがぬけてしまう心配もあります。私は、座席に座りながら、健太郎の頭を必死でおさえました。が……、それもつかの間、すぐに私は船よいをして気分が悪くなってしまったのです。これ以上は無理……と、雅子《まさこ》に代わってもらい、一刻も早く船が到着《とうちゃく》しないかと座席に横たわっていました。何もできない父。タクシーの運転手さんはここまで見こしていたのでしょうか。

あこがれの夕日を見て

60分をこんなに長いと思ったことはありませんでした。出発したときは波照間島《はてるまじま》への期待で胸をふくらませていたのに、今は船よいで胸がいっぱいでした。しかし、健太郎《けんたろう》は無事で、むかえの車に乗ってホテルの部屋に着くと、私はほっと一安心。船よいの薬をもらって、少し落ち着いたところで、やっと外を散歩することができました。

ホテル近辺を散歩すると、そこは私たちが住んでいる場所からは想像もできないほどの、のどかな世界でした。現実ばなれしたような空気感に、まさに外国にでも来たかのような満足感でいっぱいでした。そして、夕方になるとホテルの屋上に行って夕日を見ました。

実は1年前に「次は最南端《さいなんたん》に行ってみたい！」と言った私の心の中には、この波照間島から見る夕日のことがありました。

あこがれの波照間島《はてるまじま》の夕日が見れた！

まだ健太郎《けんたろう》が生まれる前、とある講演会でこの波照間島の夕日のことを聞きました。その講演をしてくれた芸人さんは、「芸能人をやっていると、よいこともあるけど悪いこともいっぱいある。だから、つらいとき、心がしんどくなったときは、日本のいちばん南にある波照間島というところから夕日を見るんです。日本で太陽にいちばん近いところから見る夕日にはすごいパワーがあって、これを見たら、またがんばろうと思えるんです」という話をしてくれました。これまで、家族ではいろいろなところに出かけていましたが、保育園や肢体《したい》不自由児の通園施設《しせつ》にはまだ通うことができず、先の見えない交渉《こうしょう》をくりかえし、正直私の心はつかれていました。最北端《さいほくたん》の地で急にこの話を思い出したのは偶然《ぐうぜん》ではなかったように思います。その夕日を見て、私もパワーをもらいたかったんだと思いました。

パワーを充電した私たちは、その夜、星空ツアーへ行きました。展望台は3階でエレベーターもありませんでしたが、係の人に手伝ってもらい、健太郎も3階までだっこをして上がりました。波照間島で見る星空はとてもきれいで、聞こえてくるのは海の波の音だけ。なんとも言えない満足感で初日を終えたのです。

畳の部屋でねむりにつく

ホテルは、ベッドの部屋と畳《たたみ》の部屋がありましたが、畳の部屋を選びました。今までの経験で、畳のほうが部屋を広く使えるというのが理由でした。しかし、問題点もありました。

家では人工呼吸器に、加温加湿器《かしつ》というものをつけて使っています。これは、呼吸する空気が乾燥《かんそう》すると、体の中の痰《たん》が固くなり、気管の中でつまってしまうので、呼吸する空気をしめらせ、痰《たん》をやわらかくするためのものです。外出時にはこれの代わりに人工鼻というものを使用しますが、性能は加温加湿器のほうが上でしっかり加湿してくれます。そのため、バギーで外出するときは人工鼻、ホテルなどに長時間滞在《たいざい》するときは加温加湿器、というようにしていました。ただ、これを使うと、加湿はしっかりできるのですが、一方で、人工呼吸器から健太《けんた》郎《ろう》へとつなぐホースの中に水滴《すいてき》がたまってしまうのです。通常はベッドで生活しているので、ホースをベッドから下に垂らして、水が下にたまるようにしています。しかし、畳の部屋だとホースを下に垂らすことができず、水滴がホースのあちこちにたまってしまいます。この水滴が本人の気管の中に入っては大変なので、そこはいちばん気をつけますが、ホースの中のセンサーに水が入ると呼吸器が誤動作してしまいます。実は、今まで加湿器の水滴のせいで呼吸器が誤動作したことが何度かありました。が、痰が固くなるほうが健太郎にとって問題だったので、畳の部屋でも加温加湿器を使用することにしていたのです。

夜おそくまで、楽しかった一日目の思い出話をし、私たちはねむりにつきました。

それは、突然起こった

明け方の4時ぐらいだったと思います。突然《とつぜん》呼吸器のアラームが鳴って目を覚ましました。そのときは「どこかに水がたまったかな」ぐらいしか思っていませんでした。大したこ

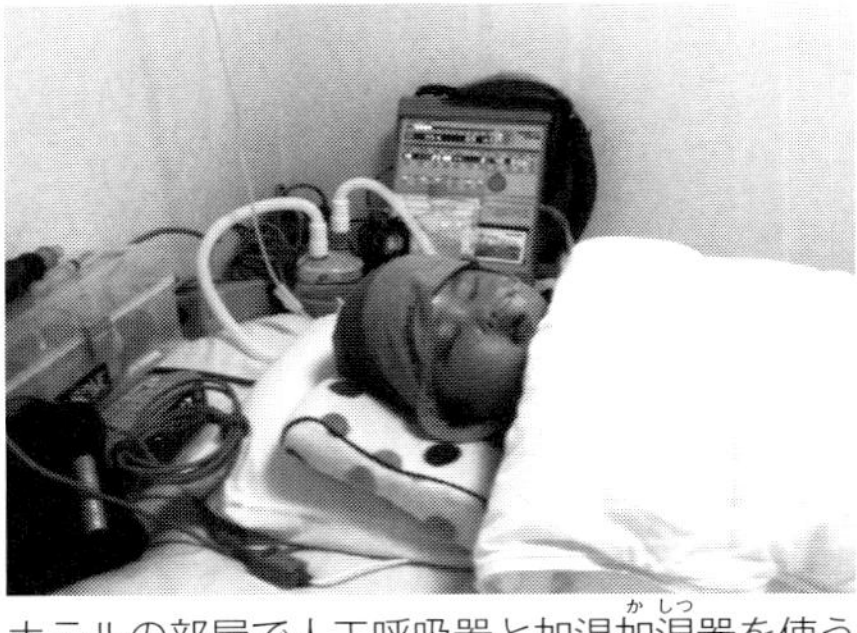

ホテルの部屋で人工呼吸器と加温加湿《かしつ》器を使う

とではないと思ったのです。ねむい目をこすりながら確認すると、呼吸器から本人に送る空気の量が少なくなっているという内容のメッセージが表示され、アラームが鳴っていました。

ここで、健太郎《けんたろう》の不調を教えてくれるものについて簡単に説明しておきます。人工呼吸器の表示には、本人にどのぐらいの量の空気を送っているかを示す「VTE」という値があります。これが設定している量より少なくなるとアラームが鳴って知らせてくれるのです。また人工呼吸器とは別に、サチュレーションモニターというものもあります。そのSPO_2という値を見て、本人がしんどいかどうかを判断します。元気なときは95～100ぐらいの値なのですが、飛行機に乗ったときなどは、少し下がって94ぐらいでした。また、90以下になると、アラームが鳴り私たちに知らせてくれます。そうなったら、酸素を流すなどの対処をしなくてはなりません。旅行の1か月ぐらい前から、痰《たん》があまりとれず、つまり気味だったので、ホテルでは安心のために少し酸素を流していました。

このときは、VTEの値が低く、健太郎に十分空気が送られていないというメッセージが出ていました。それならと、アンビューバッグに切りかえて、手動で強制的に酸素を送ろうと考えました。こういったことは今までも何度か経験していたことなので、ねむい頭でもその判断はできました。その準備をしているときに、また別のアラームが鳴り出しました。

次に鳴り出したのは、サチュレーションモニターです。うす暗い部屋には2つのアラームが鳴りひびき、さすがに雅子《まさこ》もただごとではないと察知して起きてきました。それでも、まだのんびりしていた私は「はいはい。ちょっと待ってね、健太郎くん」と言いながら、ふとサチュレーションモニターを見ました。すると、SPO$_2$の値が、80台どころか70台になっていました。ここまで下がったのを見たことはなく、私はびっくりして大声でさけびました。

「雅子、アンビュー！　急いで！」

人工呼吸器を取りはずし、アンビューバッグで手動の人工呼吸を始めたときは、SPO$_2$の値はすでに50台。私はあせりながらとにかくアンビューバッグをおしていました。しかし、値はどんどん下がっていきます。

「45……、44……、43……、42……」

過去最大のトラブル！

どこまで下がるんだ⁉　もう止まってくれ！　私の気持ちとは裏腹に、値は下がり続けます。しかし、今できるのはアンビューバッグをおすことだけ。いのるような気持ちで、下がり続けるSPO$_2$の値を見て、止まってくれ！　とアンビューバッグをおし続けました。

このとき、私の頭の中には2つの思いが入り混じっていました。1つは、今まで健太郎《けんたろう》といろいろなことにチャレンジしたい！　旅行にも行きたい！　とまわりの人に伝えると、決まって「危険だ！」「何かあったらどうするんだ⁉」と言われたことでした。その言葉たちが、頭の中をぐるぐるまわり、「だから言ったじゃないか！」と言われているような気がしたのです。だんだん弱気になってきて、「もうだめかも……」「こんなところで健太郎を……」とあきらめに近い気持ちになってしまいました。しかし、もう一方で、そういった言葉を思い出すたびに「健太郎は必ず守る！」という気持ちが強くなっていったのです。あきらめる気持ちと、絶対に助けるという気持ちの２つが頭の中で激しく戦っていました。

私の気持ちに反して、値はどんどん下がります。「41……、40……、39……」ついに値は30台になりました。……もうだめかと思いました。

しかし、はっきりとは覚えていませんが、やっと……、やっと値の下がりが止まりました。そして、少しずつですが、値が上がり始めました。

「38……、39……、40……」

どのぐらいの時間アンビューバッグをおしたのか、やがて値は50台になり、60、70、80……ともどっていきました。そして、やっと元気な値の95以上になり、やった！　なんとか健太郎を守ったぞ！　と一安心したのです。

本当のトラブルはここからだった…

ほっと胸をなでおろし、アンビューバッグから人工呼吸器につなぎかえました。が、その人工呼吸器からの音が、何か変です。なぜなのかはよくわかりませんが、何か音が変なんです。そして、人工呼吸器のアラームがまた鳴り始めました。アラームの表示を見ると、ＶＴＥの値が低いという表示が出ています。いや、とても低いんです。通常の値は80〜１２０ぐらいです。痰《たん》がたまっていてうまく空気が入らないときは60ぐらいまで下がります。それなのに、このときの値は10ぐらい……。こんな低い値は見たことがありません。そして、呼吸器の音も何かつまったような音がしています。さらに、せっかく上がったＳＰＯ$_2$の値がまた下がり始め、また90より低くなってしまいました。

あわてて、アンビューバッグに切りかえると、空気はちゃんと入りＳＰＯ$_2$の値も上がります。しかし、人工呼吸器をつなぐとまたつまったような音がして、ＳＰＯ$_2$が下がる……。

これはきっと、人工呼吸器に何かトラブルがあるにちがいない！　そう思って、まず人工呼吸器から健太郎《けんたろう》にのびているホースのセンサーを確認しました。加温加湿《かしつ》器を使っている関係で、ホースの中に水滴《すいてき》がたまり、それが本来入ってはいけないセンサーの部分に入って機械が誤動作をしている可能性があります。ひととおり点検しましたが、特に悪いところは見当たりません。でも、原因はこれにちがいない、とホースを交換《こうかん》することにしました。こんなときのために、予備のホースセットをちゃんと持っていたのです。これまでの旅行の経験で学んだことでした。これを交換すれば、問題は解決すると信じて、再び人工呼吸器をつなぎ直しました。

「……？　あれっ？」

やっぱり、空気が入りません。どうやらセンサーの誤動作ではないようです。となると、次に考えられること。それは、健太郎の首元に入っているカニューレの不具合です。健太郎は気管切開してカニューレというものを首元から入れています。それによって、人工呼吸器から送られてくる空気を、健太郎の気管に送ることができるのです。よって、このカニューレが痰などでつまってしまうと人工呼吸器からの空気をうまく送ることができません。しかし、ちょっと腑《ふ》に落ちないこともありました。アンビューバッグを使うと呼吸ができているので、カニューレがつまっているとは考えにくいのです。でも、思いつくことはやってみようとカニューレを交換しました。しかし、やっぱりカニューレはつまっていませんでした。

人工呼吸器の故障らしい

この時点で、私たちができることはすべてやりつくしていました。あとは、考えたくはありませんが、人工呼吸器本体の故障しか考えられません。もしそうだとなると、私たちではどうにもなりません。人工呼吸器はフィリップス社製でした。まだ朝の5時前でしたが、24時間体制で電話相談ができると聞いていたので、おそるおそる電話をしてみました。たまたま健太郎《けんたろう》の担当の人が当直で、電話に出てくれました。事情をくわしく説明し、自分たちがやった対処も説明しました。すると、「お父さんたちがやった対処は正しいです。でも、今はそれ以上できることはありません」と言われました。そして、人工呼吸器の故障を疑っていると伝えると、「そうかもしれません。だけど、見てみないとわかりません」と言われました。確かに……、そうですよね……。

しかーし！

今、私たちがいるのは、日本最南端《さいなんたん》の波照間島《はてるまじま》。実際に見てみるなんて、広島県にいる営業所の人ができるわけがないのです。

結局、解決策もなく、「ドクターにみてもらってほしい」と言われました。でも、この波照間島には、病院ではなく診療所《しんりょうじょ》が1か所あるだけです。

そこで、次に、かかりつけの病院に電話をしました。地元では大きな病院です。もしかしたら何かよい手があるかも……。少し期待しながら電話をしました。さすがに、担当のドクターはいませんでしたが、当直のドクターが電話に出てくれ、事情を説明しました。しかし、というか、やっぱり、言われることは同じで、「確かに、人工呼吸器の故障かもしれません。でも、見てみなければわかりません」でした。

最後の望みをかけて

もうこうなったら、最後の望みは波照間島《はてるまじま》に唯一《ゆいいつ》ある診療所《しんりょうじょ》に電話することでした。

実は、旅行前に波照間島の地図を見ながら、「もし何かあったらどうする？」という話を雅子《まさこ》としていました。地図にあるのは診療所が1つだけ。もし何かあったらここに行かないといけないねーと、冗談《じょうだん》交じりで言っていたのに、まさか本当に連絡《れんらく》することになるとは夢にも思っていませんでした。しかし、もうたよれるのはここだけです。私の心中は複雑でした。沖縄《おきなわ》の離島《りとう》の診療所。以前『Dr.《ドクター》コトー診療所』というテレビドラマをやっていましたが、あのイメージがあり、「診療所＝設備のない古い建物」と勝手に思っていました。さらには、ドラマでは若いドクターが出てきますが、あれはドラマの話で、実際は現役を引退したような、おじいちゃんが一人でやっていると勝手に思っていたのです。今考えると失礼な話ですが……。

ということで、半信半疑で診療所に電話をしました。連絡の方法は、いったん石垣島《いしがきじま》の総合病院に電話をして、島の名前を伝えます。すると、こちらの連絡先を聞かれ、その連絡先に診療所のドクターから電話があるというシステムでした。石垣島の病院に電話をして、3分ほどたった午前4時54分、私の携帯《けいたい》電話が鳴りました。

電話に出ると、予想に反して若い男性の声でした。が、ちょっと不機嫌《ふきげん》そうです。まあ、朝の5時前ですからしょうがない話です。事情を説明すると、診療所まで来てほしいと言われました。ホテルから診療所までは約２００ｍ。ですが、今のこの状態では移動できそうにありません。素直に、そう伝えると、ホテルに来てくれることになりました。ホテルの玄関《げんかん》を開けてもらうために、フロントの人にも連絡して部屋で待っていると、戸をノックする音がしました。

診療所《しんりょうじょ》の医師が来てくれた

現れたのは、水色のＴシャツに、紫《むらさき》色の短パンをはき、首から聴診器《ちょうしんき》をぶら下げた20代後半ぐらいの若い男性でした。なぜだかわかりませんが、見た瞬間《しゅんかん》「この人ならなんとかしてくれそうだ！」と、そう思いました。電話では、この人は人工呼吸器のことを知っているのだろうかと疑いながら話をしていたので、私はＶＴＥの値が悪いことを「エアの入りが悪い」と、言葉を変えて説明していましたが、実際に会うと「ＶＴＥの値が悪くて」と、いつもかかりつけのドクターに説明するのと同じように専門用語を使って説明していました。

私たちがした対処の説明をし、人工呼吸器の故障かもしれないと伝えると、その可能性が高いが、本人に異常がないかレントゲンをとってみましょう、と言われました。でも移動がむずかしそうだと言うと、ホテルと相談してくれ、車で送ってくれることになりました。ホテルの人に運転してもらい、後ろの席で健太郎をだっこしてわずか２００ｍの距離《きょり》を移動しましたが、こんなに２００ｍが遠いとは思いませんでした。飛行機で何百キロも移動してきたのに。

ポロッと出てしまった弱音の一言

レントゲンをとると、健太郎《けんたろう》の肺に異常はなさそうでした。そこで、再度人工呼吸器のメーカーに電話をし、人工呼吸器の設定を見直し、従圧式から従量式へ変えると、今までどうやってもVTEの値が10ぐらいだったのに、やっと、やっと70～80ぐらい入るようになりました。

「よかったー」

これ以上の言葉はありませんでした。時刻は朝の6時。最初のアラームが鳴って2時間がたっていました。そのとき、あまり弱音をはかない雅子《まさこ》が、ポロッとこんなことを言いました。

「やはり、こんな子を連れてきたのはまちがいでしたかね……」

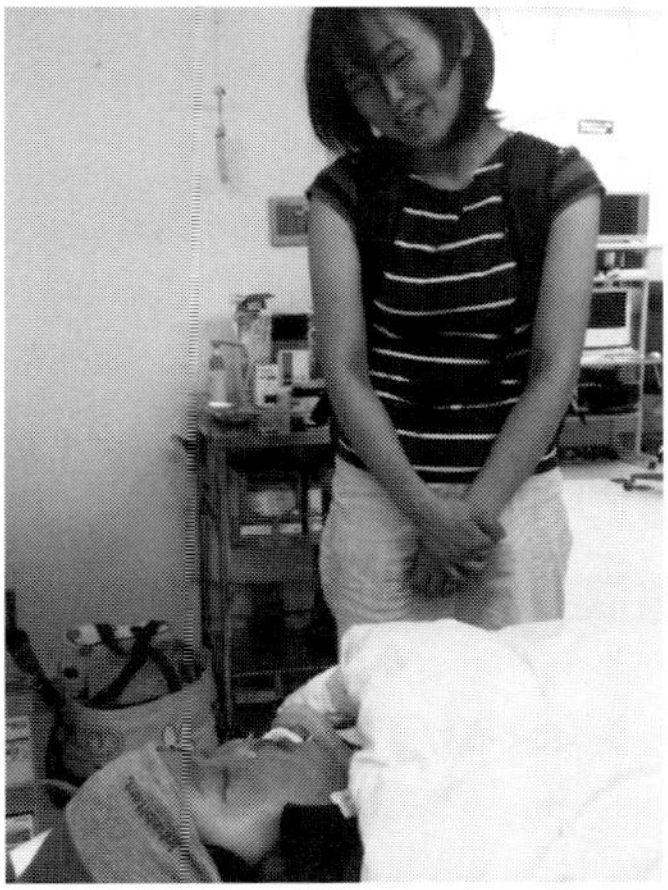
やっと呼吸がおちついた……

しかし、ドクターは「この子は家で暮らしているんだから、家族といっしょなのはよいことだと思いますよ」と言ってくれました。これを聞いて、救われたような気持ちになったのです。

あとで聞いた話だと、波照間島《はてるまじま》などの離島《りとう》は、石垣島《いしがきじま》にある総合病院に勤務している若いドクターが、研修のために各島に派遣《はけん》されるそうです。なので、最新の医療《いりょう》を勉強したドクターが勤務しているので、安心してよいそうです。また、『Dr《ドクター》．コトー診療所《しんりょうじょ》』とちがって、波照間島《はてるまじま》の診療所は新しくてとてもりっぱな建物でした。ごめんなさい。

悪いのは人工呼吸器ではなかった

ホテルに帰り、朝食を食べたあと、吸引をしました。健太郎《けんたろう》はもともと痰《たん》が固くなりやすく、吸引をしてもあまり痰は取れません。それが、このときは見たこともないぐらいの痰が一気にとれました。しかも、ちょっと出血もしています。どうやら、今回のさわぎの正体は、人工呼吸器の故障ではなく、健太郎自身に問題があったようです。

今ふりかえるとわかるのですが、当時は外に出たくても毎日通える場所がなく、家ですごすことがほとんどでした。すると、体を動かす機会が少なくなり、痰が体内にたまりやすくなっていたのです。そういえば、出発する1か月前ぐらいから、痰があまりとれず、VTEの値も低めでした。それが、沖縄《おきなわ》旅行の初日は、朝から飛行機を2回乗りつぎ、きわめつけは、ゆれまくった船での移動です。長時間の移動による振動《しんどう》のおかげで、体中にたまっていた痰が一気にわき上がってきて、気管をつまらせていた、これが、今回の大事件の犯人のようです。その証拠《しょうこ》に、これ以降も吸引をするたびにものすごい量の痰が取れ、今までどれだけためていたんだろう？　という感じでした。今回の旅行で初めてこういったことを経験しましたが、その後の生活でも同じようなことが何度かありました。

今となっては原因もわかり対処もできますが、あのときは本当にもうだめかも！　と思った、過去最大のトラブルでした。

しかし、トラブルは終わっていなかった

健太郎《けんたろう》の体調は落ち着きましたが、気管から少し出血があったため、このあとの旅程は少しひかえめにしました。念願の「日本最南端《さいなんたん》の地」の碑《ひ》は、残念ながら私と優だけで行き、あとの二人は写真で見ることしかできませんでした。いろんな意味で、波照間島《はてるまじま》に借りを作ってしまいました。

２日目の夕方には、波照間島と別れ、船で石垣島《いしがきじま》へもどりました。今度はホテルでよい止めの薬をもらい、無事にもどることができました。しかし、トラベル・トラブルはまだ終わっていませんでした。

前述のとおり、酸素ボンベなどの重い荷物は1週間前

石垣島《いしがきじま》へもどり、記念碑《ひ》の前で「はいポーズ」

に船便で石垣島のホテルに送っていました。そこで、ホテルに着いて問い合わせると、2箱送った荷物が、1箱しか着いていません。

「なぜ？　どうして⁇」

話を聞いてみると、原因は台風でした。

荷物を送った1週間前、実は沖縄《おきなわ》の南に台風が発生して、沖縄から鹿児島《かごしま》方面に向かって成長しながら移動していました。そのニュースを見て私たちが思ったのは、「旅行に行くころには、台風は通り過ぎているな。よかったー」ということでした。確かに、台風は今は通り過ぎていて、とても天気のよい旅行となりました。が、台風が沖縄から鹿児島へと接近し、通り過ぎるまでの間、私たちの荷物は鹿児島で足止めされていたのです。

2箱まとめて送って、なぜ1箱だけ着いたのかはわかりませんが、2箱ともないよりはましです。しかも、ここで雅子《まさこ》のファインプレー。私だったら、荷物が2箱あったら、片方の段ボールに酸素ボンベだけをつめ、もう一方には栄養剤《ざい》や加温加湿器《かしつ》の水などを入れると思います。しかし、雅子は万が一のことを考えて、どちらの段ボールにも酸素ボンベ、栄養剤、加温加湿器の水というように均等に分けて入れていたのです。1箱だけでもなんとか乗り切れる工夫がしてあり、このことが私たちを救ってくれました。結果的には翌日2つ目の段ボールが届きましたが、この工夫は私も気がつきませんでした。

ドクターからの手紙に勇気をもらう

トラブル続きの沖縄《おきなわ》旅行でしたが、今までの経験や工夫、そしてあきらめない気持ちと健太《けんた》郎《ろう》がもっている運で、無事に終えることができました。帰宅後、お世話になった波照間島《はてるまじま》のホテルと診療所《しんりょうじょ》のドクターに、手紙にお礼をそえて送りました。すると、ドクターから返事の手紙をもらいました。その手紙には、このように書いてありました。

「健太郎君が来てから自分の中で離島医療《りとういりょう》の考え方が変わりました。正直、難《むずか》しい病気、珍《めずら》しい病気もなく、多くは生活習慣病で毎日が淡々《たんたん》としていました。しかし、いろんな方がいて突《とつ》然《ぜん》医療が必要になる方もいて、しかも対応はすべてにできなくてはなりません。自分のやれることに制限はなく、知らないことに対応もできなければなりません」

この手紙には、本当に感動しました。私たちは、早朝からたたき起こして、迷惑《めいわく》をかけた気持ちでいっぱいでしたが、それもむだではなかったと。そして、健太郎の旅行はまちがっていなかったと、そう言ってくれている気がしました。この手紙をもらって、さらに夢をかなえるために前に進む勇気をもらいました。

プチ海外旅行を思い立つ

沖縄《おきなわ》で本当にいろいろな経験をしましたが、これによって一歩夢に近づいたとも感じました。私たちが健太郎《けんたろう》といっしょに成長できるのは、たくさん挑戦《ちょうせん》してたくさん失敗したからこそです。そこからいろいろな知識や経験を増やすことができたのだと思います。そして、その知識や経験を次へつなげていくことが大切なんだと感じました。

ということで、次はいよいよ海外へ！　と思いましたが、沖縄のトラブルのこともあるので、少し慎重《しんちょう》になり、本格的な海外旅行の前に、練習としてプチ海外旅行に行くことにしました。海外旅行でいちばん問題になるのは酸素のことです。日本国内ではなんとか運ぶことができましたが、海外ではそういうわけにはいきません。海外へは飛行機で行くので運ぶことができないのです。それなら、飛行機でなく船で行く海外旅行ができれば……？

ありました！　船で簡単に行ける海外旅行が！　福岡《ふくおか》県から3時間で韓国《かんこく》の釜山《ブサン》に行けるのです。船なら持ちこむ荷物などもそんなに厳しくなく、酸素ボンベも運ぶことができそうです。ということで、ちょっと海外旅行の練習に、釜山に船で行くことにしました。

転機の年、通園への道が開ける

沖縄《おきなわ》に行った5歳《さい》の夏から釜山《ブサン》旅行をした翌年にかけては、健太郎《けんたろう》にとって転機となる年でした。人工呼吸器をパートナーとしてから、保育園や肢体《したい》不自由児の通園施設《しせつ》などに通う要望を出していましたが、どこも受け入れてくれませんでした。「今までそういった子を受け入れたことがない。前例がない」という理由でした。しかし、健太郎にとって大人たちといっしょにすごすより、同年代の子どもとの時間が大切だと考え、ねばり強く交渉《こうしょう》を続けていました。

そしてやっと、6歳になる年の春から肢体不自由児施設に週1日の定期的な通園ができるようになり、その後は、地元の保育園でも週1日の交流ができるようになりました。ここまで、つらい思いやくやしい思いもたくさんしましたが、健太郎が子どもたちとすごすととてもよい表情になり、それを見ると、やはり同年代の子どもたちといっしょがいいんだと実感しました。

健太郎の意思がわかる!

それと同時に、父親の私にも大きな変化がありました。

以前は、健太郎《けんたろう》がどんな気持ちでいるのか、何を言いたいのか、わかっていませんでした。健太郎は、自分で体を自由に動かすことができません。目もつむっているので、「ねてるの?」とよく聞かれます。そんな健太郎が、今どんな気持ちなのか、どの表情がよい表情で、どれがおこっているのか、私には正直わかりませんでした。バクバクっ子の先輩《せんぱい》のお母さんから「どんな子にも必ず意思がある。そして、どこかで必ずサインを出している。そのサインを見のがさずに、子どもたちの気持ちを受け取ってほしい」と言われたことがありました。私はその話を聞いて、頭を「ガツン!」となぐられたような衝撃《しょうげき》を受けていました。

保育園に行けるようになったあとは、雅子《まさこ》が「今日は健太郎、楽しそうだった」とか「もっと友達といっしょにいたかったみたい」などと言っていました。そんなあるとき、私が健太郎と保育園の交流に行きました。午前中は子どもたちとすごしましたが、交流は午前中しか認められていなかったので、健太郎を連れて帰ろうと車に乗せ、ふとバックミラーを見ました。

「あっ！　健太郎がおこっとる！」

明らかに、顔がおこっているのに気づくことができました。雅子が今まで言っていた意味を、本当の意味で理解した瞬間《しゅんかん》でした。

それから健太郎のサインを見のがさないように探していたところ、手の指がピクピク動くことを発見しました。それに気づいてからは、健太郎と話をするときは、指の動きで、「はい」「いいえ」を聞き分けることができ、いろいろなことを、本人に聞けるようになったのです。やはり、健太郎は友達といっしょに保育園に行きたいと、本人の気持ちも確認でき、保育園に少しでもたくさん行けるように交渉《こうしょう》をしていきました。

釜山旅行でもプチトラブル発生

そんな交渉《こうしょう》をしながら釜山《プサン》への旅行を計画しました。出発前日には保育園入園についての話し合いがあり、この結果で旅行中の気分がずいぶんちがうなとも思いました。結果として、正式な入園はできませんでしたが、私たち親の気持ちを理解してくれて交流が正式に認められ、前向きに考えることができるようになった記念日でした。

前日によいことがあったので、釜山への旅行はまさにトラブルなく行くことができました。と言いたいところですが、実際にはプチトラブルがありました。これまでの経験がなければ、けっこうなトラブルだったかもしれませんが、いろいろな経験をしてきた私たちにとっては、このぐらいは想定の範囲《はんない》内といったところでしょうか。

1つ目は旅行かばんのことです。釜山へは、酸素ボンベを船に持ちこむことができ、本数の制限もなかったので大きなコロコロがついた旅行かばんに入れて持っていきました。その数12本。二泊三日《にはくみっか》の旅行なので、1日4本と計算すると、どうしてもそのぐらい必要になってきます。これがけっこう重くて、安物のかばんだとおすのも大変でした。これは、現地でかばんを新調することで解決しました。軽くて丈夫《じょうぶ》なかばんで、転がしやすく、移動が楽になりました。

福岡《ふくおか》—釜山《プサン》を3時間で運ぶ高速船

言葉の壁と雨はなんとかクリア

2つ目は、言葉の壁《かべ》です。釜山《プサン》の港から移動して地下鉄に乗りかえるとき、最初の駅だけエレベーターがなく、階段には昇降機《しょうこう》がセットしてありました。インターホンで駅員さんを呼んで、操作してもらうのだとはわかりましたが、言葉が通じない。困っていると、通りかかった人が代わりにしゃべってくれ、無事駅員さんが来て階段を下りることができました。

さらに、地下鉄に乗ると、同じ車両に乗っていたおじさんが「日本の方ですか。どこまで行きますか」と親切に声をかけてくれました。行き先を言うと、近くまで行くからと案内してくれました。地下鉄の乗りかえのときは、駅員さんに健太郎をエレベーターに案内するように伝えてくれたり、目的地の駅からホテルのフロントまで案内してくれたりしました。最初は正直「だいじょうぶかな？」と不安に思いましたが、現地では、ほかにも、いっしょに行った別の家族の子どもに声をかけてくれたり、大きな荷物を代わりに運んでくれる人がいたりと、通りがかりの見知らぬ人がとても親切にしてくれました。

また、地下鉄は日本とちがいホームに車いすのマークがあり、そこは乗り口がスロープ状に少し高くなっていて、わたし板を使わなくてもそのまま地下鉄に乗りこむことができました。車いすのマークも日本と少しちがっていて、自分で車いすをこいでいるように見えます。日本より釜山のほうがバリアフリーは進んでいるように感じました。やはり、実際に行って自分の目で見てみないと、こういったことはわからないものですね。

　最後は、最終日の天気です。前日に確認した最終日の天気予報は雨。しかも、どしゃ降りの予報でした。今までの旅行で雨の経験をしたことがなかったので、簡単な雨具は持っていましたが、かなりの量が降りそうだったので、雨対策のため前日の夕方にお店に出かけました。今までの雨具は、大きめのゴミぶくろをハサミで切り開き、健太郎《けんたろう》にかぶせるようにしていました。そこで、スーパーらしきお店でどのゴミぶくろが丈夫《じょうぶ》で大きいかと探していると、なんとカッパを発見しました。よいものがあったと大量に購入《こうにゅう》し、健太郎はもちろん、旅行かばんもカッパを着せて乗り切りました。このとき、人工呼吸器を雨にぬらしてはいけないと思い、カッパでおおいかくしていると、雅子《まさこ》に注意されました。人工呼吸器にも息を吸うところとはくところがあります。そこを囲ってしまうと、人間でいう口と鼻をふさいだ状態になってしまいます。注意しないと健太郎の息ができなくなる！　そんなことも、このときに学習しました。

　唯一《ゆいいつ》、帰りは雨で海があれ、船がゆれてまたまた船よいになったのは、まだまだ学習が足りていなかった証拠《しょうこ》です。これは、また次回へ持ちこしですね。

やる気の感じられる韓国《かんこく》の車いすマーク

いよいよ本格的な海外旅行へ

健太郎《けんたろう》の生活は、最終的には通園施設《しせつ》に週2日、地元の保育園に交流で週1日行けるようになりました。さらに保育園の交流日を増やしてほしいと希望した結果、地元はむずかしいがほかの保育園で月2日ぐらいある行事のときに交流ができるようになり、最終的には週3、4日はどこかに通うことができるようになりました。そして、卒園の年の3月には、3か所の卒園式に参加し、4月には希望していた地元の小学校の特別支援《しえん》学級に就学することができました。小学校に入ってからは、基本的に毎朝登校班で学校に通い、最初は母親のつきそいが必要でしたが、同世代の子たちといっしょに学校生活を送ることができるようになりました。

そして、私たちはついに「海外旅行」の夢を実現するときが来たのです。

行き先については、いろいろと候補がありました。日本から近いグアムやサイパンも候補にあったのですが、どうしても現地で酸素を手配する方法が見つかりませんでした。そこで、現地で酸素の提供サービスがあるハワイに決定しました。インターネットで検索《けんさく》すると、New《ニュー》 Dream《ドリーム》 Care《ケア》 Hawaii《ハワイ》という会社があり、現地で酸素を提供してくれます。また、今回の航空会社はJALを選びました。飛行機内の酸素は必要量を伝えると、その分の酸素ボンベを用意してくれました。ただし、どちらも保険の適用にはならないので、実費が必要です。さらに、酸素ボンベの中身は使っても使わなくても料金が発生します。しかし、安心をお金で買えるならこんなにありがたいことはありません。

また、車いすも折りたたみ式のバギータイプから、折りたたみはできないけど、車いすの下にバッテリー2個、吸引器、人工呼吸器など必要な物品すべてを乗せられる新しい車いすになり、さらに快適に旅行できるようになっていました。

いざ、ハワイ旅行へ

小学校1年生の年の12月22日から26日の三泊五日《さんぱくいつか》で、ハワイ旅行に出かけました。

車で関西国際空港へ行き、飛行機に乗る前にトイレに健太郎《けんたろう》を連れて行ったとき、お決まりのトラブル発生。トイレのベッドに健太郎を移動してトイレをすませ、車いすにもどったとき、呼吸器から急に「プシュゥーン……」という音がしました。何かおかしいと思っていると、すぐに「ウィーン」と音がして動き出しました。点検すると、人工呼吸器の電源が一度切れて、再起動しているようです。さらに、バッテリーからの電源が来ていません。コードを差しこみ直したりしてみましたが、やはり電源が来ません。どうやらさっきの音のときに、何らかの原因でバッテリーのヒューズが飛んでしまったようです。

ヒューズの予備は持っていませんでした。しかし、沖縄《おきなわ》旅行の際にバッテリーの差しこみ口を増設していたおかげで、もう1個の差しこみ口に差しかえると、無事電源がとれました。これで問題解決でしたが、こういった対処をしていなければ、大問題だったと思います。ちなみに、ハワイまでの飛行時間は行きが7時間で帰りが10時間でした。バッテリーは常に2個持っており、さらに予備を1個かばんに入れ、合計3個持っていきました。結果的には予備のバッテリーを使うことはありませんでしたが、関西国際空港のトラブルで1つがだめになっていたらと思うと、予備は必要だったと思います。

やっぱり、トラベル・トラブルはつきもの

飛行機に乗るのは慣れたものです。長時間のフライトのため、小型の乾電池《かんでんち》式パルスオキシメーターを借りた以外は、北海道や沖縄《おきなわ》への旅行のときと同じように飛行機の旅を楽しみました。無事ホノルル空港に到着《とうちゃく》すると、早速New《ニュー》 Dream《ドリーム》 Care《ケア》のスタッフが機内に酸素ボンベを運んでくれました。そして、健太郎《けんたろう》を車いすに乗せようとだっこしかけたとき、私の鼻にあるにおいが……。すぐにおしめを交換《こうかん》したいところですが、飛行機を降りる準備は整っています。案内のスタッフも待ってくれています。「あとですぐにトイレに行くから、ゴメン」と車いすに乗せ、飛行機を降りました。預けた荷物を受け取ると、タクシー乗り場まで案内されました。日本語の通じないスタッフで、トイレに行きたいことを言えませんでした。

今回の旅行は、私たちの家族だけではなく、近所の友人家族といっしょです。タクシー1台

では乗れないので、分かれて乗ることにしました。しかし、ここでまたまたトラブル発生。事前に車いす対応のタクシーを予約したつもりでしたが、ちゃんと予約できていなかったのです。それを受付の人に伝えてもうまく伝わらず、車いす対応のタクシーを手配してくれません。最終的に大きめのバンのタクシーの荷台に健太郎を乗せろと言われました。無理だとアピールしても、とりあえずやってみろ！（と言っている気がした）と言われ、車いすを荷台まで持ち上げてみましたが、天井《てんじょう》も低くどうやっても乗れそうにありません。だいたい、健太郎は荷物じゃありません！　それを見ていた別のスタッフが、おこったようにやってきて、健太郎を下ろしてくれました。そして、車いす対応のタクシーを呼んでくれたのです。少し待ったあと、やっとスロープ付きのタクシーが到着して一安心です。

やっと車いす対応のタクシーが到着《とうちゃく》

に、に、荷物がない！

しかし、ここで大変なことに気がつきました。なんと、私たちのスーツケースがないのです。健太郎《けんたろう》のタクシーのことでバタバタしている間に、連れの家族が先にタクシーに乗って出発し

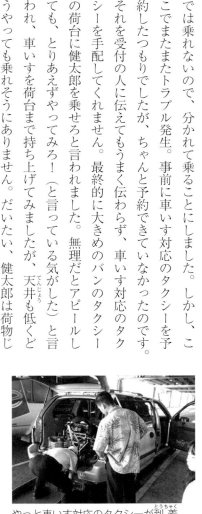

ていました。どうやら、そのタクシーに私たちのスーツケースもいっしょに運ばれている……のではないか、としか思えないのです。しかし、証拠《しょうこ》はありません。その家族に電話をしてもつながりません。タクシー乗り場のスタッフにそう伝えると、先のタクシーの連絡《れんらく》先を調べてくれ、電話番号をくれました。が、「あい、きゃんのっと、すぴーく、いんぐりっしゅ」なのです。よほど困った顔をしていたのでしょう。別のスタッフが連絡をとってくれました。しかし、電話では私たちの荷物があるかどうかわかりません。そこで、空港までもどってもらうことにしました。もう、ホテル目前まで行っていたそうですが……。

人工呼吸器ユーザーが来るのはめずらしい?

タクシーがもどってきて、私たちのスーツケースを確認して、ほっと一安心。しかし、毎回毎回いろんなことが起きるものです。私たちは運が悪いのでしょうか。それとも、毎回なんとかなってしまうのは、運がよいから、なのかな?

とりあえず、荷物ももどってきて、車いす対応のタクシーも来て一安心。あとはホテルでゆっくりしたいなあと思っていました。

いやいやいやいやいや。まだ解決していないことがありました。健太郎《けんたろう》のトイレがまだでした。ホテルに着いて、急いでトイレに行くと、長時間おしめ交換《こうかん》ができていなかったため、またやおしりが真っ赤になっていました。ごめんね健太郎。そう言いながら、きれいにしたあと薬をぬり、やっとホテルの部屋に入りました。

しばらくすると、New《ニュー》 Dream《ドリーム》 Care《ケア》のスタッフが、ホテル用に酸素濃縮《のうしゅく》器と酸素ボンベを運んでくれました。使い方の説明を受け（これはもちろん日本語で）、実際に使うようすを見てもらったあとは、今度は私たちが質問ぜめにあいました。

「健太郎は、どうやって飛行機に乗ったの？」

「呼吸器はどこに置いたの？」

「呼吸器の電源はどうしたの？」

さすがのハワイの業者も、人工呼吸器の使用者が来るのはあまり経験がないようで、本当に日本からやって来たのか!? といった感じでした。

ハワイのバリアフリーはすばらしい

さあ、あとはハワイを楽しむだけです。ハワイ滞在《たいざい》の３日間は、ホテル近く以外にも、バスに乗っていろいろなところに行きました。ハワイでは韓国《かんこく》以上にバリアフリー化が進んでおり、外を歩いていてもお店に入っても、段差という段差を感じることはほとんどありませんでした。日本では、ちょっとした段差があちらこちらにあり、そのちょっとしたことが積み重なると外出時の大きな負担になり、それがバリアになっています。

ハワイでいちばん感動したのはバスでした。公共のバスはいろいろな方面に走っていますが、どのバス停からどこ行きのバスに乗ろうとしても、必ず車いす対応です。新しいバスはノンステップのスロープ式ですが、古いバスもリフトが付いていて、車いす対応になったのが最近ではないことがわかります。また、車内にはストレッチャー式の大きな車いすでも十分固定できるスペースが前方左右に2か所ありました。私たちが乗っているときに、電動車いすの人が一人で乗ってきて、途中《とちゅう》で降りていきましたが、これだけ環境《かんきょう》が整っていれば、車いすでも出かけやすいなと思いました。

バスはどれも車いす対応で感動

日本も、昔よりずいぶんとバリアフリー環境は整ってきていますが、お店のスロープにメニュー看板が置いてあってスロープをふさいでいたり、エレベータを降りたらおしゃれな日本庭園のように飛び石になっていて、車いすでは通りにくくなっていたりといったこともあります。これは、環境より人の意識の問題のように思います。ハワイでは、環境もそうですが、人々の心がバリアフリーなんだろうなと感じました。

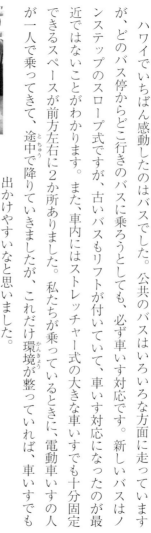

ふりかえってみると

最終日は、ホテルの近くにあるワイキキビーチに行きました。ワイキキビーチの砂浜《すなはま》は、さすがのハワイでもバリアフリーではなく、健太郎《けんたろう》の車いすのタイヤは砂にうもれて、なかなか前に進めませんでした。家族で何度か海水浴にも行った経験からいえますが、砂浜ではタイヤの小さな前輪を前にして進むより、タイヤの大きな後輪からバックで進むほうが楽です。それでも、ある程度行くとタイヤが深くしずみこんでしまい、波打ち際までは行けませんでした。そこでふりかえると、砂浜に健太郎のタイヤの跡《あと》が付いていました。これを見て、なんだか今まで私たちが歩んできた道に似ているなと思いました。

健太郎と歩んできた道は、この砂浜のように決して歩きやすい道ではありませんでした。ときには足をとられ、ときには前に進むのがしんどくなり、もうやめようかと思ったこともありました。しかし、いつも前を向いて一歩一歩確実に進んできたからこそ、ふりかえったときに進んできた道がはっきりと残っている。そんなことを感じました。

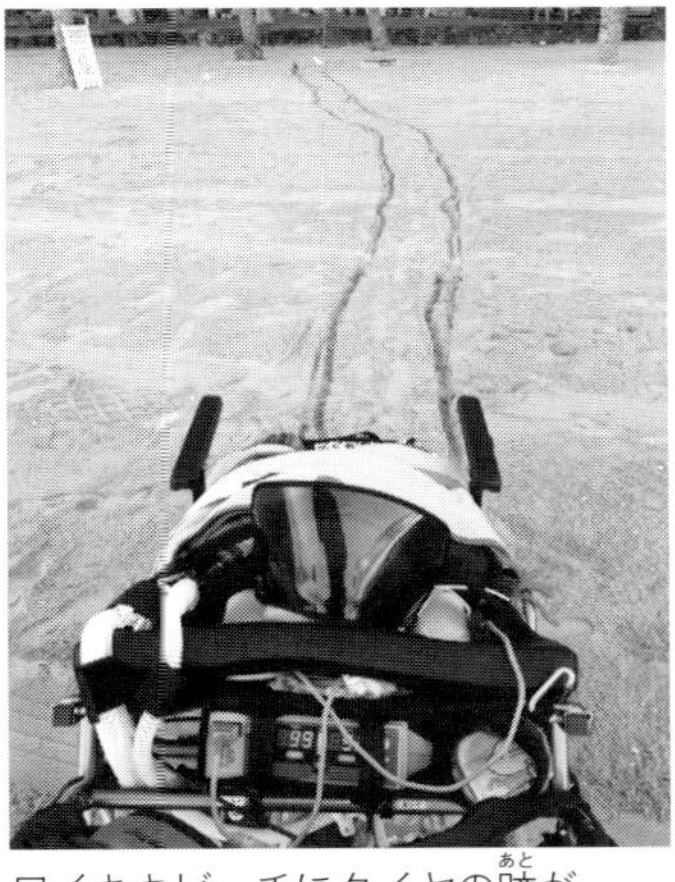

ワイキキビーチにタイヤの跡《あと》が……

自分から「ここに行きたい！」と言う日を楽しみに

今回の旅行中にSea《シー》 Life《ライフ》 Park《パーク》という水族館に行きました。そこではウミガメとふれあう体験ができ、健太郎《けんたろう》もカメの足をさわりました。そのとき、私たちの目からは、カメが足を動かして健太郎の手をペシペシしたように見えたのですが、本人に聞くと、自分がペシペシした！と言い張っていました。そう聞いて指を見ていると、指を勢いよく「ピクピク」動かしていて、それが本人の言う「ペシペシした！」なんだなと、ほほえましく思えました。かつては健太郎の気持ちがわからず、しゃべったり表情を変えたりしてくれたらいいのになと思っていたのに、こんなに頑固《がんこ》で、おしゃべりだったとは！

お土産屋さんでは車いすにはるステッカーを選びました。目は見えてはいませんが、買い物をするときなどは、まず目の前に持っていきじっくり見せます。そして特徴《とくちょう》を説明したり、さわらせたりすると、健太郎は返事をしてくれます。ちょっと優《ゆう》柔不断《じゅうふだん》な性格もあって、なかなか選べないことも多いですが。いろいろな場所に行き、いろいろなことを体験することは、健太郎にとって意味のあることだと感じています。これまで、行き先は雅子《まさこ》が決めていましたが、いつか健太郎がここに行きた

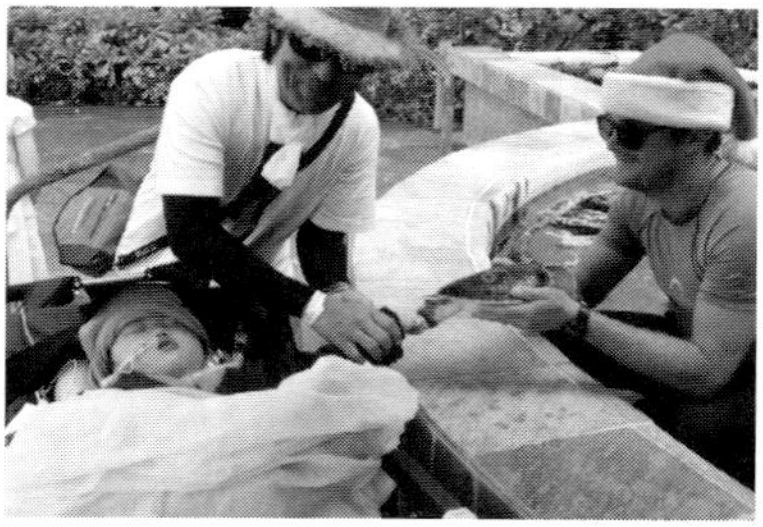

「ぼくがペシペシした！」と言い張る

い！　と言う日が来るのを楽しみにしています。

最初は無理だと思っていたことも、あきらめないでいればできないことはない、といろいろな場面で学ぶことができました。これも、健太郎が私たちのもとに生まれてきてくれたからだと、うれしく思っています。これからも、少しずつでいいから、前を向いて一歩一歩進んでいこう。そんなことを思ったハワイ旅行でした。

ディズニーランドへの夢も実現

健太郎《けんたろう》は現在小学6年生。もう一つの夢だったディズニーランドも小学3年生の最後に、姉の小学校の卒業旅行として、3月27日から29日の二泊三日《にはくみっか》で行ってきました。朝早くから入園し、プーさんのハニーハントやバズ・ライトイヤーのアストロブラスターなど、たくさんのアトラクションに乗り、夜のパレードまで満喫《まんきつ》しました。

こうやって私たちの生活を紹介《しょうかい》すると、決まって言われることがあります。

「そりゃあ、三原家や健太郎くんだからできるんよ」

そういった声を聞くと、いつも、「そんなことはないのにな」と思います。どんな子でも意思があると私が教えられたように、どんな子でも「どうやったらできるか」と考えれば、できないことはないはずです。

小学校4年生からは、小学校に看護介助《かいじょ》員が配置され、親のつきそいもなくなりました。雅《まさ》子《こ》も、一念発起して看護師の資格をとるために専門学校に通っています。優も中学校3年生となり、3月には3人そろって卒業をむかえます。そして、4月からはまた新しい生活をスタートしていることでしょう。

COLUMN

もう一つのディズニーランドの夢

一昨年3月。連絡《れんらく》が入った。健太郎《けんたろう》と同じバクバクっ子で、一つ年上の畦坪《うねつぼ》沙也華《さやか》さん（当時小学5年生）が入院した、と。それも調子がかなり悪く、今日、明日の命かもしれないという。すぐにおみまいに行った。私が行ったときは落ち着いていたが、ドクターに、もうできることはないと言われたそうだ。彼女《かのじょ》の父は娘《むすめ》を見ることができなかった。母親はふつうにしていたが、言葉のはしばしに元気がない。元気づけようと話をしてディズニーランドの話題が出た。すると、母親が言ったのだ。

「一度さやかをディズニーランドに連れていってやりたかったな……」

「じゃあ、行こう！　私が計画を立てるから、お母さんとさやかさんは元気になって。約束だよ！」

私はそう言っていた。半年後の夏休みに実行する計画を立て、準備を進めた。すると、その日以降さやかさんはどんどん回復して元気になっていった。

さやかさんの夢をかなえるための、ボランティアチームも結成した。名づけて「TEAM《チーム》さやか」。

私をふくめて5人で取り組んだ。TEAMさやかのやりたいことは大きく3つ。
1，元気に行って帰ってきたい
2，夜はお風呂《ふろ》に入りたい
3，ディズニーではアトラクションに乗りたい（できるならプーさんのハニーハント）
準備期間は4か月。健太郎より大きなさやかさんだが、役割分担してだっこする練習や、入浴の練習。アトラクションに乗るためにいすに座る練習。そして、その姿勢を安全に保つ工夫など、やったことのないことばかりだったが、壁《かべ》にあたるたびに「どうやったらできるか」と考えて何度も練習やイメージトレーニングをした。その結果、初日の夜はホテルで入浴することができ、2日目のディズニーランドでは、プーさんのハニーハントをはじめ、ジャングルクルーズなど7つのアトラクションを体験し、7つのショーやパレードを見て、たくさんのキャラクターに会い、7つのサインを車いすにしてもらった。しかも、天気も味方してくれ、天気予報は雨だったのに、入園すると同時に雨が止むというミラクルな体験もした。そして、元気に二泊三日《にはくみっか》のディズニーの旅を終えたのだ。

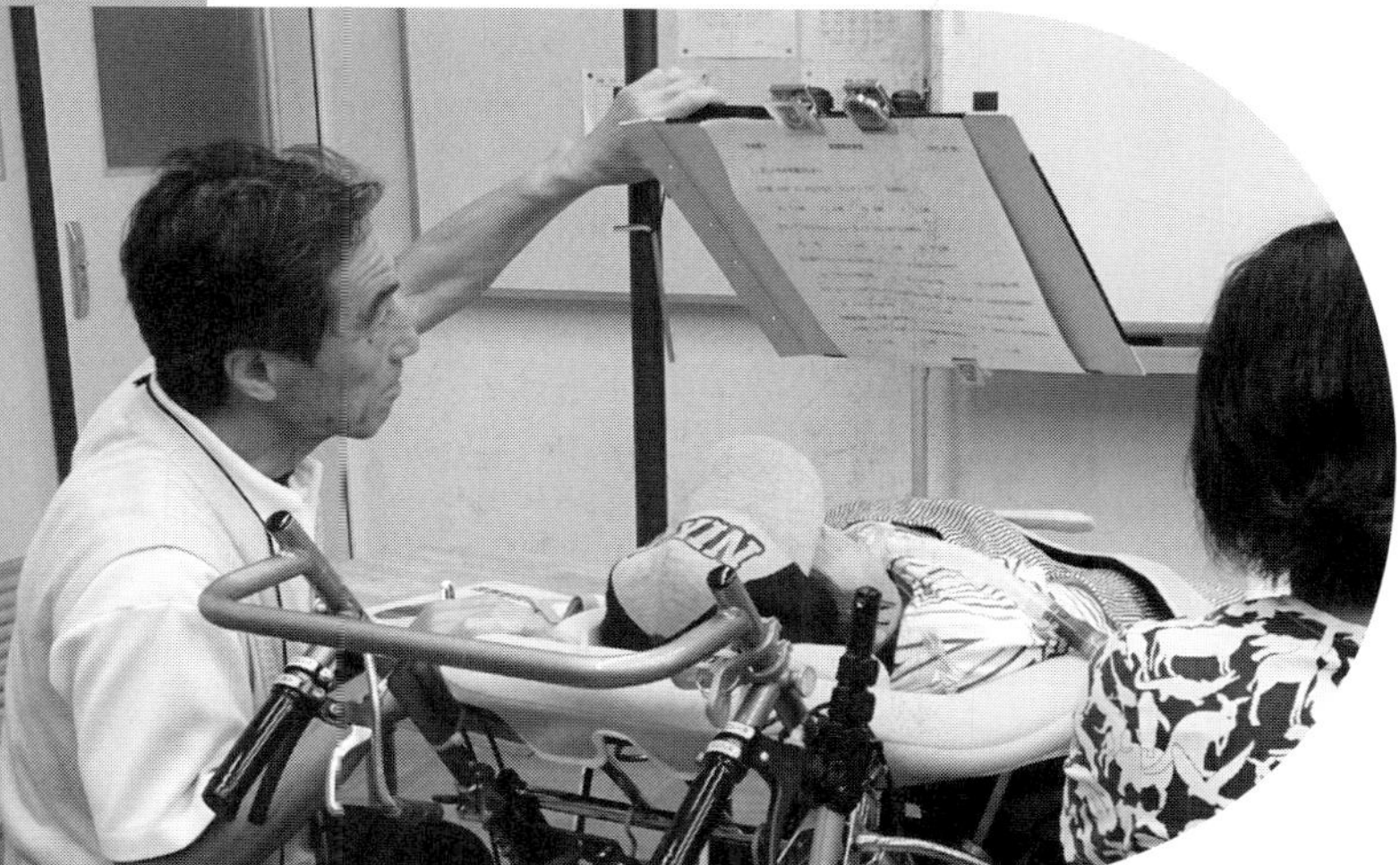

5 卒業。社会とつながる未来へ

プロフィール

新居　優太郎（あらい　ゆうたろう）　1999年7月6日生まれ・高校4年生

出生時の障害により生後4か月で気管切開手術、人工呼吸器装着。日常的に痰《たん》の吸引や胃ろうの注入が必要。特別支援《しえん》学校小学部、中学校特別支援学級を経て定時制高校に進学。両親との3人家族。執筆《しっぴつ》は父大作《だいさく》。大阪《おおさか》府枚方《ひらかた》市在住。

今日は私がむかえに

妻の真理《まり》が、久しぶりに旧友とコンサートを楽しむ晩秋の夜。定時制高校へ通う息子・優太《ゆうた》郎《ろう》の学校への今夜のおむかえの役割は私だった。仕事を終えると、茨木《いばらき》市に住む同僚《どうりょう》が、学校近くまで車で送ってくれると言うので、好意にあまえることとした。

学校はJR茨木駅のすぐ近くで、私は駅ロータリーで同僚にお礼を述べて車を降りた。時間は午後9時前。授業を終えた優太郎は9時15分ごろに2階にある教室から看護師さんと介助《かいじょ》員さんとで学校正面玄関《げんかん》へ下りてくるはず、と聞いていた私は、学校へと歩き出した。校門わきにある小さな門を通り、左手の駐車《ちゅうしゃ》場を見るとわが家のアルファードが学校からもれる明りに照らされていた。アルファードを横目に駐車場を横切り、学校正面玄関へ向かった。

9時15分まではまだ少し時間があり、暗がりの校庭から明かりが煌々《こうこう》とともる正面玄関をしばらくながめる。こちら側からは蛍光《けいこう》灯に照らされた玄関内をよく見ることができた。観音開きのガラス戸が3枚。その奥《おく》は少し段差になっているが、左側にゆるやかなスロープがある。ストレッチャータイプの車いすをおして幾度《いくど》となく訪れた高校の、幾度となく利用したスロープだ。玄関の正面寄りは左手に校内奥へ続く廊下《ろうか》、その先に階段があり、階段の手前には青緑のエレベーターのとびらが少しだけ見てとれた。優太郎はそのとびらから現れるはずだった。まだ授業中なのか、玄関には人気がまったくなかった。

いま見た学友との姿

そのとき、授業の終わりを告げるチャイムが学校中にひびきわたった。その残響《ざんきょう》が聞こえなくなってしばらく、階段付近から何人かの話し声、階段を下りてくるバタバタとした足音が聞こえ出した。４人の男子生徒が階段から姿を現した。制服がない定時制ではみんな私服姿で、個性的である。４人は玄関《げんかん》の正面に立つネクタイ姿のおやじを一瞬《いっしゅん》気にしながらも、談笑しながら明るい玄関から暗がりの校門のほうへ歩き去って行った。

その後もちらほらと生徒たちや先生たちが下りてきたが、優太郎《ゆうたろう》の姿はまだない。「おそいな」と思いかけたとき、階段手前の青緑のエレベーターのとびらが開いた。黄色の車いすが先に現れた。続いて車いすをおす介助《かいじょ》員Nさん。人力で後おしタイプの車いすなので、この順番になる。そして同級生のIくん（通称《つうしょう》ジョニー）が同じエレベーターから姿を現した。おっ！

と思った。ジョニーは、優太郎が1年生のときに入部をさそってくれたH先生が生徒たちと創設した科学部の、今や部長である。授業が終わってからも、Nさんがいるにもかかわらず、1階まで見守りをしてくれていたんだぁ、と、なんだかうれしくなった。

Nさんが何やらジョニーへ一言言って、その場をはなれた。ジョニーが車いすの優太郎のそばに一人残された。私はすぐに玄関内に入って声をかけようかと思ったが、思いとどまった。しばらくようすを見てみよう。いたずら心がもたげた。

うで組みをして、暗がりのこちら側から、煌々《こうこう》とした玄関内の二人を見つめる。すると、ジョニーは優太郎の顔をのぞきこむようにして、話を始めた。

「ユータロー。ユータロー」

名前はなんとなく聞こえるが、何を話しているのかまでは残念ながら聞こえない。だが、ずっと言葉を投げかけていた。やみにうかびあがったその光景を静かにながめていると、ジーンとしてきた。そして、「よくここまで……」とそんな感慨《かんがい》が胸にあふれた。

よくここまで来たものだ。重度障害をかかえた優太郎と同級生のジョニー。そこには、へだてる者（物）はまったく存在していなかった。優太郎の存在がふつうであることの証《あかし》である。美しい景色だった。

こんなにもコミュニケーションをとろうとしてくれていた

玄関《げんかん》へ入った私は、「ジョニー!」と声をかけた。科学部の活動などを通して、彼《かれ》とは私も顔見知りである。ジョニーは優太郎《ゆうたろう》へまだ話しかけていたが、こちらへ顔を向けて、いつもの人なつっこい笑顔を見せてくれた。

「何、話してたん?」

「いや、○○について。ユータローに聞いてみよーっと思って」

頭をかきながら話してくれた。頭をかくのは彼のくせだ。で、また、「ユータロー……」と、のぞきこむように名前を呼んだ。車いすの上の優太郎の顔をいっしょにのぞきこむと、ねむいのかあまりさえない表情だった。こんなときは、まばたき返事があまり鮮明《せんめい》ではない。「今日はユータローあんまり返事しないですねぇー」と少し残念そうな顔を見せたジョニー。そんなに一所懸命《けんめい》にコミュニケーションをとろうとしてくれていたのか、とほほえましかった。

Nさんが現れた。「お父さん。すみません。ちょっとトイレに……」ということだったみたいだ。私は頭を下げた。

「いつもありがとうございます」

「では、行きましょうか」

Nさんは車いすをおし出し、スロープを通り玄関の外へ。そのあとを追うようにして私とジョニーが続いた。

自然な手順に、しみじみ思う

私は優太郎《ゆうたろう》とNさんを追いこし、先回りをして車へ。Nさんが真理より預かっていた車のキーを受け取り、エンジンをかけた。Nさんがハッチバックの後部ドアを開け、電動スロープを下ろし始めた。ウィーンというスいつもの機械音とともに、スロープが下りる。下り終わると今度はジョニーが優太郎の車いすをおして、車内へ力強くおしこんでくれた。かなり力がいる作業だが、手慣れたものである。何度もくりかえされた手順だ。

Nさんより今日の授業の内容や優太郎のようすなどを聞いたあと、二人にお礼と別れを告げ、車に乗りこんだ。運転席から、ジョニーが校門のほうへ走っていく姿が見えた。車が通れるように、校門の鉄扉《てっぴ》を開くためだ。ガラガラっとおし開けてくれた。Nさんも校門でジョニーと合流した。車のウィンドウを下げ、「ジョニーありがとう!」。大き目の声で話した。ジョニーはペコッと頭を下げた。Nさんへも再度お礼を言って、校門から一般《いっぱん》道へ出て左折し、家路に向けアクセルをふんだ。

車中では優太郎に何度も声かけをしながら家路を急いだ。ルームミラーごしに街の明かりや対向車の明かりに照らされ、表情がところどころ見てとれた。やはりねむそうであった。

ハンドルをにぎりながら思う。特別支援《しえん》学校から地元の中学校へ入学し、さまざまなあつれきを経て、府立高校の一般受験。そして、現在の大阪《おおさか》府立春日丘《かすがおか》高校定時制。本当に地域を選《せん》択《たく》してよかったなぁ、と。

たまたまのおむかえで見た、優太郎とジョニーのほほえましい光景は私の心の風景として刻まれる。ともに育ち、ともに生きるということがどういうことなのか。晩秋の夜の小さなできごとに、その答えはあるのではないかとしみじみ感じた。よくぞここまで来たものだ。

高校生活は多くの出会いに支えられ

息子・優太郎の高校生活も残りわずかとなった2018年師走。まばたき解答による高校受験から、はや4年の年月が流れようとしている。本当に早いものだ。彼《かれ》の高校生活はたくさんの出会いに支えられ充実《じゅうじつ》したものであったと思う。ジョニーもその一人である。

バクバクの会事務局長のOさんより紹介《しょうかい》があって中学3年生のころに撮影《さつえい》されたドキュメンタリー映画『風は生きよという』（宍戸大裕監督《ししどだいすけかんとく》）を読者はもう観てくれただろうか。優太郎の出演シーンの最後に、春日丘《かすがおか》高校の合格発表の一幕がある。発表直後の中庭で撮影されたシーンで、真理の言葉「高校でいい出会いがたくさんあったらよいなぁと思います」があった。言葉には現実化する力があると聞いたことがあるが、今、思い返すと、その言葉どおりの出会いが優太郎と私たちを待っていた。そのいくつかの出会いをあげてみる。

理解し導いてくれた先生たち

入学式。優太郎《ゆうたろう》の担任になったE先生。いきなりいとも気安く「おしてみてよいですか」と車いすをおして体育館へ連れていってくれた。正直おどろいた。人工呼吸器を装着したストレッチャータイプの車いすを見ると引くのが当然。ほとんどの人が遠巻きに見るのがふつうだが、この先生はちがった。いきなりかかわりをもとうとしてくれたのだ。あとから聞いた話によるとE先生はガイドヘルパー*の資格をもっていて、自身の身のふり方を考えた時期に福祉《ふくし》の世界に行くか、教員になるのかとなやんだころがあったとか。優太郎の入学を知って「しめしめ」と思ったと聞いたときは思わず笑ってしまった。E先生はその後、1年生から3年生の担任として、また、4年生の現在は教務主任で担任からははずれてはいるが、積極的に大学受験のサポートをしてくれたりで、実質の担任のような感じではある。

科学部顧問《こもん》のH先生。優太郎の科学部入部を熱心にすすめてくれた先生だ。長州出身の曲がったことがきらいな熱血漢で、剣道部《けんどう》の顧問でもあった。優太郎の科学部入部が彼《かれ》の高校生活の人とのかかわりの基盤《きばん》となり、この入部がなければ、もっと希薄《きはく》なさびしい高

＊視覚障害者や全身性障害者の外出時の介助《かいじょ》をするヘルパー。

校生活になっていた可能性は高い。入学当初から独自に開講していた土曜開講の授業（土曜講座）への参加もさそってくれ、優太郎と私たち夫婦も参加をしてみた。土曜講座では宇宙物理学を中心に、H先生だけではなく大阪《おおさか》大学やほかの高校の先生、H先生の恩師など多様な講師が講義を行い、大人の私たちも学生にもどったような気分になり、いっしょに勉強させてもらい楽しんだ。この土曜講座がまた、優太郎の高校生活を豊かにするおもしろい出会いの場となった。

科学部副顧問のT先生は女性。H先生とともに優太郎と私たちに積極的にかかわりをもち、科学部への入部をあとおししてくれた先生だ。いつも「なぁ優太郎」と話しかけてくれて、心にかけてくれているのが伝わった。また特に真理にとっては同じ女性ということもあり、心の支えとなってくれている存在。これもあとでわかったことだが、T先生と私は実は同郷（和歌山市出身）でしかも学校が別だが同学年であることが判明したというエピソードがあり、さらに親近感が深まった。

実はH先生とT先生は、優太郎が2年生になるころに、残念ながら二人とも転勤となり、春日《かすが》丘《おか》高校でのかかわりは一年で終わってしまった。転勤を知った朝、二人の転勤を優太郎に告げると、顔を真っ赤にしてその目からは涙《なみだ》がこぼれ落ちた。忘れられない。私たち夫婦もショックを受け、私もその日の仕事がおぼつかないほどだったのを記憶《きおく》している。しかしながら、幸いにもその後、二人の先生との関係は切れることなく、今でも交流は続き、むしろ活発化の様相を見せている。H先生が優太郎によくかけてくれる言葉は「優太郎、このつきあいは一生続くからなぁー」。今でも顔をのぞきこみ、笑顔で話しかける姿を見ると、心が熱くなる。何と言ったらよいのか。こんなドラマで見たような先生が本当に存在していたのか……。と今さらながら感嘆《かんたん》の思いだ。

科学部の部員たち

あとは何といっても科学部の部員たちである。H先生とともに科学部創設にたずさわった卒業生のヤンキー爺《じい》のOさん。茨木一の悪（?）N先輩《せんぱい》。弁が立ち、頭の回転の速い先輩部員のT先輩（科学部元部長）、科学部の全国規模の発表会で抜群《ばつぐん》のプレゼンを見せるK先輩。T先輩は一昨年卒業し、現在は旅行会社の添乗《てんじょう》員として飛び回りいそがしい毎日をすごしているが、科学部のお目付け役として今もかかわりをもち続けている。昨年卒業のK先輩は今は受験を経て大学生だ。学内で自らイベント企画《きかく》サークルを立ち上げ、優太郎《ゆうたろう》のコミュニケーションツール開発の取り組みを進めようとしてくれているとのことで、聞いたときはおどろいた。

現役では、まもなくいっしょに卒業をむかえる科学部現部長のジョニー。後輩《こうはい》では紅一点、いつも「ゆうたろうさんはねぇ……」と話しかけてくれるSさん。女子高生ではあるが、車いすを積極的におしてくれたり、母親とは今や友達みたいな感じ。童顔ではあるが体重が100kg？ 気は優しくて力持ち、気づかい抜群のMくん。彼《かれ》も坂道などになると「おしますよ」と車いすをおしてくれたり。本当によいやつだ。

ほかにも、H先生が転勤先・大手前高校定時制で再び立ち上げた科学部員の仲間たちとの素敵な出会い……。まだまだたくさんの出会いがこの高校生活ではあった。先生、学生・生徒たち、社会人もふくめて、この先の優太郎の人生において、かけがえのない財産である。

中学時代には実現しなかったものが可能に

出会いもさることながら、中学時代には実現しなかったものが可能になった。それには1年から3年までの担任E先生のかげなる力が大きかった。

一つは、校外学習など課外授業でのリフト付きバスで、ほかの生徒といっしょに行動をともにするということ。中学では優太郎《ゆうたろう》の体調などを考えてと当時の学校長が取り合わず、教育委員会へも何度も嘆願《たんがん》し話し合いを重ねたが、実現しなかった案件だ。高校では1年生から実現した。E先生が手配を進めてくれたのだ。しかも介助員《かいじょいん》は当初から、看護師については少しおくれたが1年生1学期の早々に配属を進めてもらえ、親のつきそいなしでの校外学習となった（中学では校外学習などは親のつきそいが強要された）。

しかしその後、リフト付きバスについて、特に費用面で高校の保護者から異議が出た。当然ながら通常バスに比べて割高となる。あとから知ったことだが、その差額を均等割りで各家庭に負担してもらっていたのだ。「なんで1人の障害者のために差額の費用を負担しなくてはいけないのか?」簡単に言うとそういうことだ。修学旅行もこの方式で行こうと考えていたE先生には困った事態となった。結局、この問題はあとを引き、優太郎3年時にも、修学旅行の一部移動において影響《えいきょう》をおよぼすことになる。

修学旅行の移動手段で問題発生

ここで修学旅行にふれておきたい。優太郎《ゆうたろう》が3年生の9月に修学旅行が実施《じっし》された。二泊三日《にはくみっか》、神奈川《かながわ》・三浦《みうら》半島での民泊《みんぱく》体験→東京ディズニーランド→東京観光の行程であった。前年の3年生は北海道での農業体験を主体とする修学旅行で、空路での旅行だった。それ以前も空路による行程が主流を占めた。優太郎の学年は新幹線(陸路)による行程となった。私は、また保護者から、優太郎が学年にいることによって行程が変わるのはおかしいと異議が出るのではないかと心配したが、とりこし苦労に終わった。

だが、少しの問題が生じる。三浦半島から東京ディズニーランド、そしてそこから東京駅への移動手段だ。バス移動ということになったが、リフト付きバスの手配がどうしても困難だという。となると、優太郎だけは別行動で京浜《けいひん》急行（京急）電鉄やＪＲでの電車移動を余儀《よぎ》なくされる。Ｅ先生より苦渋《くじゅう》の相談をもちかけられたのが、２年生が終わる３学期だっただろうか。

それを受け、予算で動く教育行政をくつがえすのはむずかしいと思ったが、すぐに行動した。大阪《おおさか》府教育庁への交渉《こうしょう》である。「知的障害者を普通《ふつう》高校へ北河内連絡《れんらく》会」のＫ氏、また「障害者の自立と完全参加を目指す大阪連絡会議」のＮ氏にもお力添えをもらい、交渉に臨んだ。私たちは、行程でほかの生徒と分けるのは不合理だ、リフト付きバスの手配をしてもらいたい、差額の費用についても公費でまかなうことは、障害を理由とする差別の解消の推進に関する法律（障害者差別解消法）の合理的配慮《はいりょ》の範疇《はんちゅう》であり合法であること、それをふまえて、財政局への臨時予算の獲得《かくとく》を願いたい旨《むね》を教育庁へうったえた。

交渉は複数回におよんだが、結局くつがえすことはできなかった。Ｅ先生より事態を知らされたのが時期的におそかったか……。

修学旅行の行程においても、「みんなといっしょ」は一部ではあるが、またもや障壁《しょうへき》にはばまれた感じであった。しかしながら、こうした費用を参加する全生徒の家庭が分担して負担をするというのもおかしい話で、保護者の発言も理にかなった部分はある。この先、車いすを使用する生徒を受け入れた場合、つきまとう問題であると思われるので、同じ悲しい思いをする生徒がいなくなるように、教育行政側へ今後も声を発していきたいと強く思っている。

本人にとってはすばらしい修学旅行に

とはいえ、修学旅行は本人にとってはすばらしいものとなった。であろうと思う。というのも、二泊三日《にはくみっか》の行程すべてにおいて、学校側は親のつきそいをいっさい求めなかったからだ。常勤のM看護師と臨時やといの非常勤看護師による看護師2名体制、そしてE先生、ほかの引率の先生方、生徒たちでの修学旅行となったからだ。

出発当日、優太郎《ゆうたろう》を朝早く、車で新大阪《おおさか》駅の待ち合わせ場所へ送り届けた。渋滞《じゅうたい》などを考えて早めに自宅を出た私たちはほぼ一番乗り。平日の朝ということもあり、ビジネスマンでごった返していた。その雑踏《ざっとう》の中から、1人、また1人と同級生たちが姿を現し出した。3年生ともなるとみんな知った顔ばかりだ。8時台の新幹線で一路、神奈川《かながわ》・三浦《みうら》半島へ出発予定だが、優太郎を完全に預けての長距離《きょり》旅行を前に、私たち夫婦もなんとなく興奮気味であった。

点呼が始まるころに、大きな問題が発生した。常勤看護師のMさんが指定時刻になっても姿を現さないのだ。佐賀《さが》県から足を運んでくれた非常勤看護師は到着《とうちゃく》しているものの、優太郎のケアをメインで行う看護師が来ないのだ。私が「おいおいけーへんでぇ。だいじょうぶかぁ」と半分冗談《じょうだん》、半分本気で話していると、いつも冷静なE先生も、何度も携帯《けいたい》へ連絡《れんらく》するもつながらず、「これは洒落《しゃれ》ならん！」とあせり顔。実はこのM看護師、遅刻《ちこく》や急な欠勤の「常習犯」だったのだ。慣れっこではあったが、今日は本当に「洒落ならん！」かった。その空気を察知した非常勤の看護師が、「教えてください」と真理へ引きつぎを希望した。機転の利いた行動である。私は少し安堵《あんど》した。

いよいよ出発数分前となったころ、遠くからかけ寄ってくる姿が……。M看護師だった。

「すみませぇーん」

いつもの顔だった。

「たのむよー。むちゃくちゃあせったやんかぁ」

私は思わず苦笑いの言葉をかけた。M看護師は何度も頭を下げて「すみません」を連発した。何はともあれ、新幹線の発車時刻にはなんとか間に合いそうで、すぐさま改札に向けて集団は動き出した。改札前まで来ると、M看護師と非常勤の看護師に車いすをおされて優太郎は改札内へ。E先生がふりかえり、片手を上げて「じゃぁ、行ってきまぁす」と力のぬけた感じでバイバイをし、優太郎は止まることなく簡単に壁《かべ》の向こうへ消えていった。

その光景を見送った私たちは、笑い合った。

「なんか簡単に行ってもーたで」

人工呼吸器をつけた優太郎を連れ、いとも簡単に出発してしまった。中学では実現しなかった、親のつきそいがいっさいない修学旅行の始まりだった。

３日後、再び新大阪駅で出むかえ

３日後、再び新大阪《おおさか》駅へ帰って来る優太郎《ゆうたろう》をむかえに、車で向かった。駅前１階ロータリーのはしに車を止め、真理が車を降りて改札のほうへ出むかえに行った。しばらくして、車いすを囲む小さな集団がルームミラーごしに見えた。運転席から降り立ち彼《かれ》らを出むかえた。優太郎が帰ってきた。E先生、M看護師と佐賀《さが》から助太刀《すけだち》に来てくれた看護師。そしてなぜだか元科学部部長T先輩《せんぱい》が集団の中にいた。優太郎は目を見開いてその顔は勇ましく、なんだか少し大きくなったように感じた（親バカです）。その表情は、この二泊三日《にはくみっか》を雄弁《ゆうべん》に物語っていた。

E先生、M看護師、非常勤の看護師に深々とお礼をした。

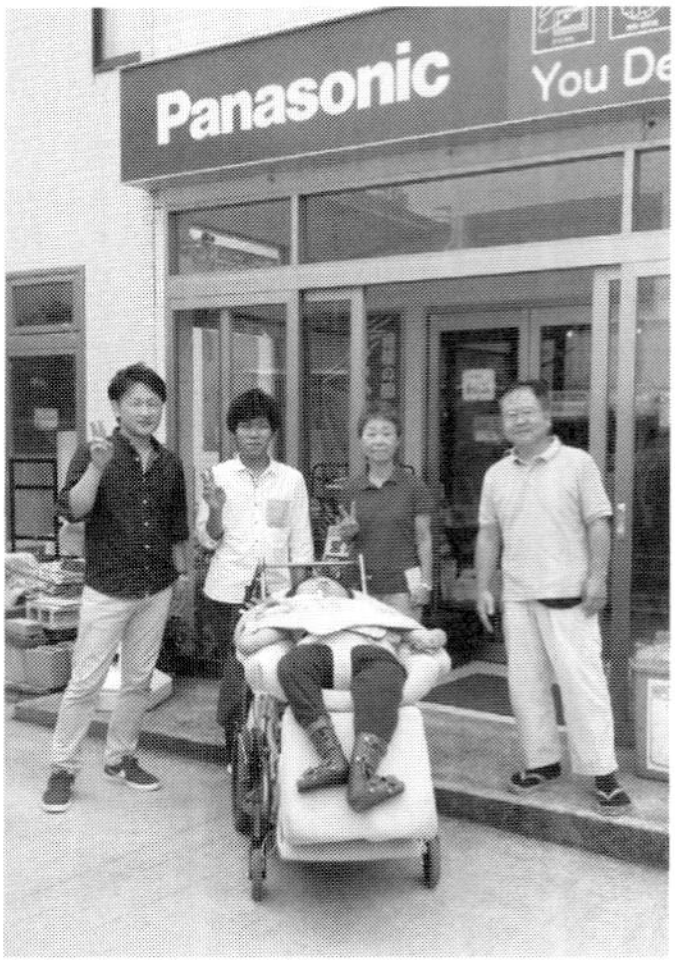

ホストファミリー（右２人）、看護師と

「本当によく行ってきたものだ」

親のつきそいなしで行く大変さは容易に想像できる。たいていは、何かあった場合の責任がとれない、とつきそいを強要されるケースがほとんど。私はこの猛者《もさ》たちの顔をたのもしくながめた。ちなみに、今は旅行添乗《てんじょう》員のT先輩。仕事先からの帰り、新大阪駅で偶然《ぐうぜん》にも優太郎たちに出くわし、そのままいっしょにロータリーへつきそってくれたようだった。

受け入れてくれた三浦《みうら》半島の民泊《みんぱく》先の方々にも感謝である。人工呼吸器をつけた生徒の受け入れにあたっては民泊協会が協議を重ね、綿密に受け入れの準備をしてくれたとのことだ。不思議ではあるが、民泊先のホストファミリーとは、事後の写真データでしか会うことができない。つきそいなしなので、あたりまえのことではあるが、その写真からはよい人がらを感じ取ることができた。民泊先はパナソニックの青の看板。街の電気屋さんであった。優太郎を囲み店先での集合写真。印象的だった。

一回り大きくなって帰ってきた

旅行中の大まかな状況《じょうきょう》は、ＳＮＳなどでＥ先生がときどき送ってくれていたので、リアルタイムで把握《はあく》できた。すごい時代になったと思う。でも細かな部分に関しては、あとでやはりＥ先生よりもらった写真データで知ることになった。

初日の三浦《みうら》半島の海岸沿いでのつり体験。民泊《みんぱく》先でのバーベキュー。翌日の京急電鉄での移動のようす。東京ディズニーランド。アトラクションへ乗りこむ姿。ホテルでの一幕。東

京急電鉄での移動

京観光でのアメ横の雑踏《ざっとう》。東京駅での集合写真。多くの切り取られたシーンには、親の私たちが知らない世界が広がっていた。優太郎《ゆうたろう》はみなさんの支えがあり、一つ大きな経験を積ませてもらい、一回り大きくなったのだとつくづく感じた。

番外ではあるが、この二泊三日《にはくみっか》の修学旅行の間、私たち夫婦も久しぶりに旅行を楽しむことができた。行先は読者の笑いの種となるので、この場ではふせておきたい。

部活動でもよい経験を積んできた

科学部に所属している優太郎《ゆうたろう》は、部活動でもさまざまな経験を積んだ。

たとえば千葉・幕張メッセで開催《かいさい》された地球惑星《わくせい》科学連合大会への参加。私たち夫婦も、ぜひにとさそってもらい、参加した。新幹線で前日入りしての参加だった。その、前夜のホテルでのプレゼン練習の場でのこと、H先生とT先生が急に優太郎も前へ出てポスターPRをすればよいと話し出した。前に出て参加することを予測していなかった優太郎は仰天《ぎょうてん》し、顔を赤らめて明らかに緊張《きんちょう》し出した。それを見た先生や私たちは笑い合ったが、本人にはまさに青天の霹靂《へきれき》。緊張するのはあたりまえかもしれない。H先生が「Kが優太郎をおして前へ出ればよい」と話をすると、K先輩《せんぱい》はごく自然に承諾《しょうだく》した。ここがこの科学部員たちのよいところだと思う。何かにつけ、いやがったり、拒絶《きょぜつ》したりしないのだ。

話は飛んで、これ以前に岡山県津山市《おかやまけんつやまし》へ科学部の合宿へ行った際のエピソードだが、優太郎の入浴は生徒たちにやらせればよいとH先生。同行した真理はおどろいたと言う。入浴時間になると、優太郎と真理の部屋へ部員3人が「どうしたらいいんですか」とやってきて、「お前、そこ持てよ!」「そっち持てよ!」と、てんやわんやの末、とうとう優太郎の入浴に成功してしまったのだ。何の練習もなく、いきなりの本番。これにはさすがの真理も困惑《こんわく》したようだが、見守りは必要なものの、生徒たちだけでも十分にできるのである。

つまり、なんじゃかんじゃとややこしくしているのは、リスクを唱える専門家とよばれる人たちである。「前例がない」「何かあった場合はどうするのか」、こういった人たちからよく聞くセリフである。いわば無能の証《あかし》といったところだろうか。彼《かれ》らの狭量《きょうりょう》な経験値で、こうした、生徒たちだけで優太郎をお風呂《ふろ》へ入れてみるというような貴重な体験の機会がうばわれてしまっていることを、私たちは知らなければならない。

それにしてもH先生である。今回も先生の一言から、思わぬ、よい意味での事態が始まったのである。

学会での発表は緊張感の中、りっぱにできた

幕張メッセの大会は、研究の成果をポスターにまとめて発表するもので、ポスターの前で訪

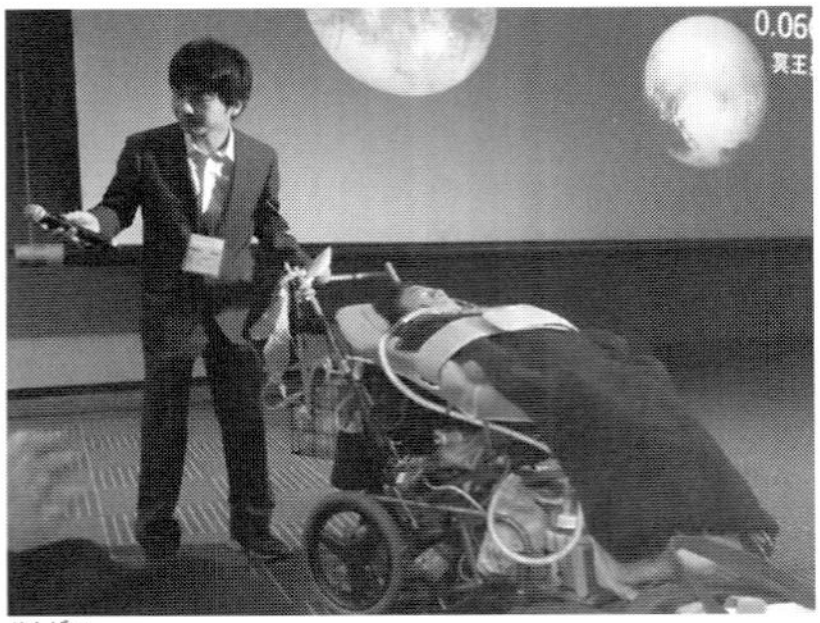

先輩《せんぱい》といっしょにポスターPRの場に臨む

れた来訪者にそのつどプレゼンを行うポスタープレゼン会場と、ポスターPR会場に分かれていた。少し暗めのPR会場は緊張《きんちょう》感に包まれていた。

発表の時間が近づくにつれ、会場席から見ていた私もかたずをのんだ。優太郎《ゆうたろう》はK先輩《せんぱい》に車いすごと託《たく》された。春日《かすが》丘《おか》高校定時制の名を告げるアナウンスがひびく。正面のスクリーン下に二人が登場した。私も心臓の鼓動《こどう》を感じた。会場の多くの参加者は、人工呼吸器をつけて車いすの、優太郎をおしながら現れたK先輩を、おどろきをもって見守ったことだろう。

ポスターPRは数分間だったが、落ち着いた低い声が特徴《とくちょう》のK先輩は、突然《とつぜん》の優太郎同伴《どうはん》プレゼンにも臆《おく》することなく、みごとにしゃべり切った。りっぱなプレゼンだった。優太郎も初めてのことで興奮状態からか、私たちの席に帰ってきたときも目を見開いていた。K先輩はあまり納得がいっていないようすだったが、科学部がどのような活動をしているのか今ひとつ理解できていなかった私にとっても、刺激《しげき》的なものとなった。結果は、優秀《ゆうしゅう》賞こそのがしたが入賞した。優太郎もK先輩も胸を張ってよいと、私は二人に伝えた。

高校生活を豊かにしてくれた

科学部は、年間を通してさまざまな大会での研究発表や科学系のイベントに参加しており、予想以上に活動的だった。優太郎《ゆうたろう》も先生や仲間たちの支えもあり、積極的にスケジュールをこなしていけたと思う。活動のごとに優太郎への理解も深まり、今では優太郎の存在は科学部であたりまえとなっている。1年時にH先生からさそいを受け、入部した科学部。はや4年の月日が流れ、今ではかわいい後輩《こうはい》もできて、「優太郎先輩《せんぱい》」である。先にも述べたが、この科学部の存在が、彼《かれ》の高校生活を豊かなものにしてくれたのはまちがいない。この先の人生においても、この科学部でのつながりが大きな何かを生み出してくれる予感を、私は感じる。

書き出したら切りがないほどの出会いとエピソードを提供してくれた高校生活。巣立つ日は近い。

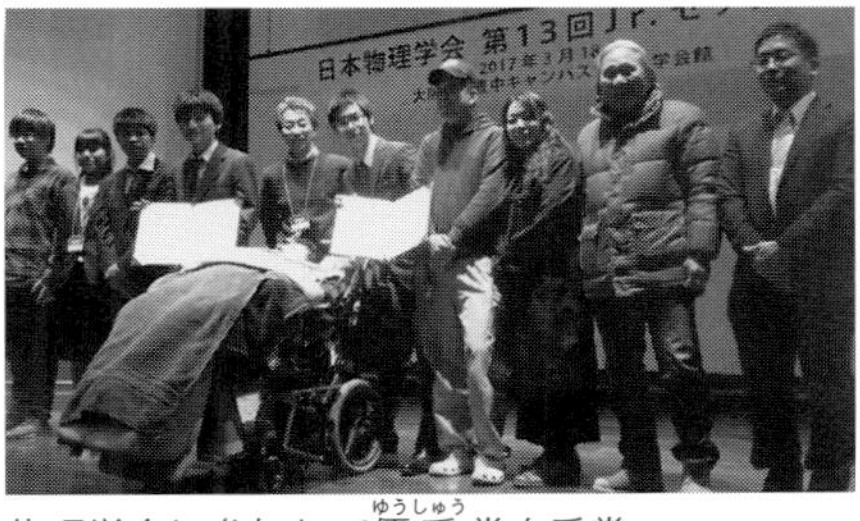

物理学会に参加して優秀《ゆうしゅう》賞を受賞

出生時をふりかえる

1999年7月6日、優太郎《ゆうたろう》は出産時の事故により、無呼吸状態でこの世に誕生した。呼吸が停止した状態、すなわち脳に十分な酸素が供給されない状態により、脳は大きな損傷を受け、重い障害を負うことになった。医学的には低酸素性虚血脳症《きょけつのうしょう》という。

当時、私は東京で仕事をしていた。出産予定日より大幅《おおはば》におくれた6日。真理の実家近くの産婦人科で帝王《ていおう》切開で出産することを電話で聞いていた。切開の時間、私は東京・高田馬場にあるクライアントと打ち合わせ中だったが、マナーモードの携帯《けいたい》電話が鳴った。中座して電話に出ると、私の母・純子《すみこ》からだった。

「どうやった？　生まれた？」

「生まれたんやけどね。赤ちゃん息してなかったの。みんな楽しみにしてたのに」

予想しない言葉だった。

「そのまま高槻《たかつき》の病院へ救急車で運ばれたから、早く行ってあげて」

きびすを返し、クライアントに説明して断り、会社に連絡《れんらく》を入れ、急ぎ東京駅をめざした。高田馬場から新宿へ、新宿から中央線で東京駅へ。新幹線に飛び乗り大阪《おおさか》へ。それでも搬送《はんそう》先となった高槻病院へ到着《とうちゃく》したのは深夜に近かったように記憶《きおく》する。

病院には父・慶三《けいぞう》と義父・嘉久《よしひさ》が待っていた。慶三は私の顔を見るなり言った。

「早く行ってあげ。先生待ってるわ。もう危ないかもしれんぞ」

くやしそうな表情だった。

息子はＮＩＣＵ（新生児集中治療《ちりょう》室）にいるようだった。とびらを開くとそこには男性と女性の医師が二人で、私の到着を待っていてくれた。慶三が父親だと告げると、険しい表情で男性医師が状態の説明をしてくれた。呼吸停止状態で脳へ致命《ちめい》的なダメージがあること。呼吸を補助するために人工呼吸器を挿管《そうかん》していること。命そのものが危険な状態で、おそらくこのまま意識がもどらず、明日の朝をむかえることもむずかしいことなど。現実とは思えなかった。

説明を受けた部屋からＮＩＣＵ室内へ。生まれたばかりの息子は小さな医療《いりょう》機器のボックスの中にいた。全身管だらけの状態。目を開けるようすはなく、昏睡《こんすい》していた。かたわらにいた看護師が私に静かに言った。

「お父さん。息子さんをだいてあげてください」

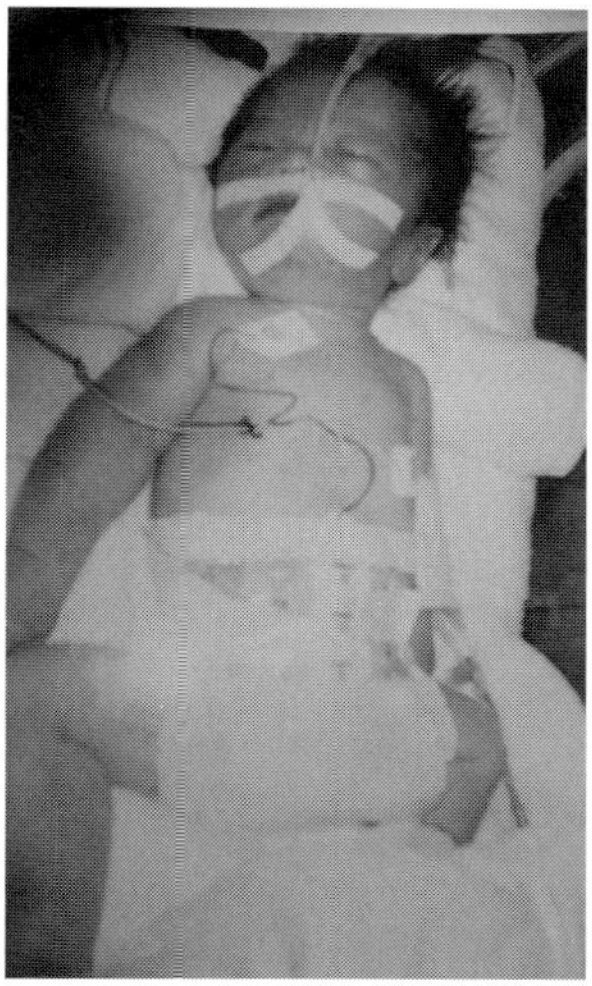

出生後すぐのころ

そして、医療機器のとびらを開けて、息子を私にだかせてくれた。子どもをだくのは初めてだし、管だらけでだきにくかったがぬくもりを感じた。だいてしばらく、涙《なみだ》があふれ出た。

息子との面会を終えた私は、義父の車で真理が入院している産婦人科へ向かった。

行く道の車内で、何と説明をしよう、とそればかり考えた。

病室では、意外とあっけらかんとした彼女《かのじょ》が待っていた。それでも高槻病院での息子の状態の話をすると目を赤らめた。もうそのときの私たちには、いのることしかできなかった。

翌朝。息子・優太郎は一命を取り留めた。優太郎と名づけようと決めたのは、まんじりともしなかった夕べだった。

出生直後の長期入院をへて退院

救急搬送《はんそう》の日から優太郎《ゆうたろう》は長期の入院生活を余儀《よぎ》なくされた。

入院から2週間あまりたったころだったろうか、優太郎がパチッと大きな黒目を見開いた。昏睡《こんすい》状態から目覚めたのだ。私たちは喜び合った。

約4か月後に気管切開をし、徐々《じょじょ》に命が危うい状態を脱《だっ》し、NICUからPICU（小児集中治療《ちりょう》室）へ転床《てんしょう》。体力の状態を見ながら、在宅復帰の話が持ち上がり、医師の指導のもと、私たち夫婦はちょっとした訓練を受け始めた。人工呼吸器を装着したままで院内散歩、屋上での日なたぼっこ、ついには短い時間だけ枚方《ひらかた》市の自宅マンションへ行ってみたりと、行動範囲《はんい》を広げた。そして、ついにその日がやってきた。退院である。

優太郎は人工呼吸器を終日装着した子どもとして、高槻《たかつき》病院より在宅復帰する第一号だと聞かされた。退院の日は多くの医師や看護師たちに見送られた。看護師の中には涙《なみだ》される姿も見ることができた。真理も泣いた。私も胸が熱くなった。

搬送された日から実に3年の月日が流れていた。

幼児療育園に通園

在宅生活開始からしばらくして、枚方《ひらかた》市立幼児療育《りょういく》園への通園が始まった。療育園に通園する園児の中では優太郎《ゆうたろう》は圧倒《あっとう》的に重症《じゅうしょう》だった。人工呼吸器も今のようにコンパクトで性能がよいものではなかったので、重量が重く、アラームがすぐにけたたましく鳴りひびき、人工呼吸器を装着した子どもを受け入れた経験がない療育園の先生方も、困惑《こんわく》の表情を見せた。それでも週1、2回は通園した。園へは自宅から2kmほどだったが、優太郎も今のような体力がなく、通うことも大変なことではあった。

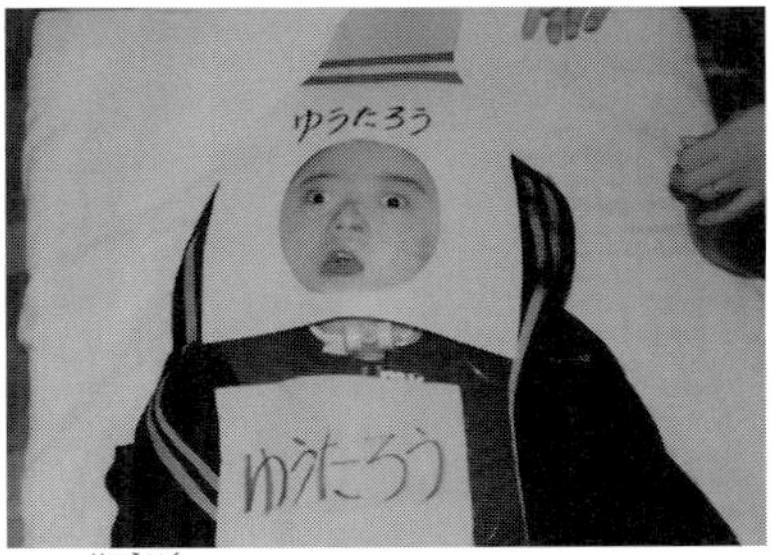

幼児療育《りょういく》園に通ったころ

特別支援学校へ入学、対応に不満

療育《りょういく》園卒園後は交野支援《かたのしえん》学校を、迷うことなく選択《せんたく》した。当時の私たち夫婦は、重度の障害をかかえる息子は特別支援学校（以下、支援学校）に入学するものだと思い、何の疑いももっていなかった。支援学校のほうが専門の教育や介助《かいじょ》が受けられるのだと想像していたのだ。

でも、現実はかなりちがうものだった。人工呼吸器をつけた息子はそれを理由に通学バスに乗せてもらえず、6年間、介護《かいご》タクシーや自家用車での通学を強いられた。ガソリン代やタクシー代などかかる費用もほぼ自己負担であった。学籍《がくせき》にもへだてがあり、通学籍《せき》と訪問籍《せき》に分けられ、息子は同じ理由で訪問籍。自宅での学習がメインとなった。それでもやはり学校に通いたいと積極的に登校をするが、配属されている6名の看護師からは訪問籍を理由に何一つ医療《いりょう》面での手助けをしてもらえず、痰《たん》がふき出ていても、つきそっている真理へ「お母さん、痰、出ていますよ」と声をかけるだけで、吸引はしない。何のための看護師だといきどおりを感じた。

改善を求めて学校長へ話し合いを申し出ても、多忙《たぼう》を理由ににげ回られ、ようやくアポイントがとれてもドタキャンをくらう始末。その後も話し合いに応じてもらえなかった。授業内容については、高学年になってもお遊戯《ゆうぎ》のような授業内容は変わらず、不満はつのる一方だった。

そのような中で出会ったのが、人工呼吸器をつけた子の親の会（当時）、バクバクの会だった。会には、人工呼吸器をつけながら地域の小学校・中学校、受験をへて通常の高校へと、果《か》敢《かん》に通い続けた先輩《せんぱい》たちが存在していた。「そんな方法があったのか」と、特に真理が感化されたようだった。支援学校小学部の卒業が近づく中、ここへ来て、地域の中学校への進学の選《せん》択肢《たくし》が浮上《ふじょう》してきたのだった。

地域の中学校入学へと決意が固まる

「障害をもった子どもたちも地域の学校に来てください」と、今や枚方市《ひらかた》の教育委員会は就学相談に来た保護者に伝えているというが、当時はそんなことは言われなかった。

支援《しえん》学校中学部へそのまま進むのか、地域の通常の中学校へ進学するのか、選択《せんたく》がせまられた。結論を出すために、何度本人に意思の確認をしても、まばたきがない。

優太郎《ゆうたろう》のコミュニケーションツールはまばたきである。幼いころより、唯一《ゆいいつ》少し動かすことができるまぶたによって、イエス・ノーを表現するように、特に義母（優太郎の祖母）の能理《のり》子《こ》より言い聞かされてきた。

慣れ親しんだ支援学校の中学部か、それとも地域の中学校へのチャレンジか、彼《かれ》はずいぶんなやんだ。当然のことだと思う。そこには不安もあるだろう。親の私ですら不安であった。

そのとき、迷う優太郎へあとおしの声があった。バクバクの会の先輩《せんぱい》、Yさんからである。彼女《かのじょ》も人工呼吸器を装着しながら、地元の学校へ通った一人だった。「だいじょうぶ。地元の学校のほうが楽しいよ」と優しくも力強い言葉だった。また、交野《かたの》支援学校にも地元中学への進学を応援《おうえん》してくれる先生がおり、そのM先生の言葉もあってか、リミット差しせまる年の瀬《せ》に、結論は出た。

地元の中学へ進学する「パチッ」と。その後は、何度聞いても、同じ答えであった。このときから優太郎のチャレンジが始まった。

入学、そして…

春4月。枚方《ひらかた》市立さだ中学校への入学式には、私も優太郎《ゆうたろう》の晴れ姿を一目見ようと会社を休んで、真理、義母の能理子と三人で参加した。

入場が始まった。優太郎が見慣れた車いすに乗り、介助《かいじょ》員におされて入場してきた。このときの私は、うれしさと期待と不安が入り混じった何とも言いようのない高揚《こうよう》に包まれていた。目の前には大勢の健常の生徒に交じった優太郎の姿があった。そこはまぎれもなく通常の学校の入学式であった。ついに地元の中学校での生活が始まったのである。

入学して間もなく、うれしさと期待の部分はみごとに裏切られた。

学校長よりは「このような子は院内学級（病院内）にいるべき子」「ふつうの中学に通わせるのは親のエゴ」などという差別的発言を受けた。また、学校内に設置されたあゆみ学級（特別支援《しえん》学級）に所属していた優太郎だったが、そこにはもう1人、1学年上の先輩《せんぱい》Mくんが在《ざい》籍《せき》していた。Mくんもコミュニケーションはむずかしく、胃ろうを造設しており、注入が必要な生徒だった。支援担任や介助員、配置された看護師は、Mくんとのかかわりを手厚く行い、息子へのかかわりをまるで制限しているとしか思えない態度をとった。いわゆる無視状態。体調などを理由に教室に連れていってもらえないこともしばしばあった。喀痰《かくたん》吸引や食事である注入も「ほかの生徒に見せるべきものではない」と、その間はあゆみ学級へ長時間にわたり、とじこめ状態となった。支援担任は体調不良や医師も見ないような呼吸器の変化を無理やり見つけ出し、登校してすぐに帰宅を命じたりと目に余る対応だった。また、母親の終日のつきそいを強要された。

1年生最初の校外学習もリフト付きバスでみんなといっしょに行きたいと要望するも、学校長から「校外学習なんて無理に参加しなくてよいんですよ」と言われ、来たければついてこい、と言わんばかりで、介護《かいご》タクシーの手配もこちら任せで費用も自己負担、など、真理から聞こえてくる状況《じょうきょう》は悲しいものばかりだった。学校内での優太郎と真理への態度、対応は最低なものだった。このころ二人は体調をくずすことが多くなった。地域の中学校への進学をやっとの思いで決意した優太郎。教室へも連れていってもらえず、つきそいの真理と二人でポツンとあゆみ学級へ取り残された姿を、仕事中にふと見上げた空に思いえがいた。目頭が熱くなった。そして、いかりがふつふつとわき上がってきた。

父親が介入する

このころから、私は学校への介入《かいにゅう》を強めた。支援《しえん》担任や看護師などが、なぜ積極的に優太郎《ゆうたろう》とのかかわりをもとうとしなかったのか、ということについては、一度は支援担任と話し合う機会があった。そこでは、人工呼吸器を装着した生徒が初めてということで不安があり、かかわり方がわからなかったと、心の内を聞くことができた。私たちからも、ケアについては看護師と連携《れんけい》してフォローをしていく、先生方はもっと積極的にかかわりをもち、優太郎を授業へ連れていってもらいたい、最大の協力はしたい、などと思いをうったえた。支援担任は目を赤らめながら、反省の弁を述べ、今後を約束してくれた。

その後、一時はかかわり方が改善されたかと思えたが、しばらくするとやはり人工呼吸器の数値の変化を見つけては「おかしい」「いつもと表情がちがう」などと言い出し始め、授業に参加させないということが起きてきた。かかりつけ医から何度か問題がないと説明してもらったりしたが、それでも聞く耳をもたない。私のいかりは頂点に達した。学校へ乗りこみ、約束を破って理不尽《りふじん》を行い続ける支援担任をつかまえ、どなり飛ばした。また、ときには学校長と激しくぶつかり合うこともあった。そして、学校側の一連の発言や対応について、枚方《ひらかた》市教育委員会とも、多くの支援者の力を借りながら、何度も話し合いを重ねた。

やがて、かたくなだった学校や教育委員会側にも変化のきざしが現れた。優太郎へのかかわりが大きく改善され始めたのだ。教室での授業参加が増えていったり、終日、強要されていた真理のつきそいが徐々《じょじょ》に少なくなったり、少しずつではあるが前へ進み始めたのだった。

波乱の1年次が終了《しゅうりょう》し、問題の支援担任と介助《かいじょ》員は転勤。看護師は、不足もあり、入れかえはなかった。あれだけぶつかり合った学校長も、「私が新居くんのいちばんの理解者」と言ったか言わないかは別として、そのような声が聞こえてくるほどになった。優太郎も体調をくずすことが少なくなり、毎日、元気に中学へ通った。

その学校長も、3年生に進級したころには定年退職され、新校長へ。このころには学校の優太郎へのかかわりは劇的に改善され、学校での真理のつきそいはなくなった。しかしながら、3年生で実施《じっし》された長野県への修学旅行、リフト付きバスでみんなといっしょに行きたいという要望は、予算計上を前校長のときにしなくてはいけなかったため、実現はしなかった。優太郎や私たちに少しずつ理解を示してくれた前校長ではあったが、修学旅行の交通手段だけは最後まで認めることがなかった。また、旅行中は真理のつきそいははずれることがなかった。

中3の修学旅行で魚つかみ体験

高校受験へ

現在につながる高校進学については、1年生のころより、支援《しえん》学校へもどることは視野になく、バクバクの会の諸先輩《せんぱい》に見習い、普通《ふつう》高校への進学を希望した。初め「受けなくてもよいですよね」と言われた定期考査も、まばたき試験解答でしっかりと受け、成績を残した。高校受験には成績、評価が必要になってくる。これも支援者より聞いた情報で、必要性を理解していた。中学校側も、高校受験に関しては、1年生のころより言い続けてきたことが奏功したのか、全面的に協力をしてくれ、一気に受験モードへ突入《とつにゅう》した。

3年生の3学期。いよいよ府立高校の受験にトライした。まばたき受験である。出願前に配《はい》慮事項《りょじこう》の申請《しんせい》を行い、看護師配置に加え、問題を読み聞かせ、まばたきによる解答を読み取る先生の2名体制で行われた。結果、前期試験、後期試験で受験した枚方《ひらかた》なぎさ高校は残念ながら不合格。2次募集《ぼしゅう》で受験した、春日丘《かすがおか》高校定時制で合格となった。3月中旬《ちゅうじゅん》、さだ中学校の卒業式から2週間も経過したころのことだった。

映画『風は生きよという』より。「高校でいい出会いがたくさんあったらよいなぁと思います」。この合格発表のときに、真理が春日丘高校の中庭で、カメラを構えた宍戸《ししど》監督《かんとく》へ語った言葉だ。その後の物語はすでに述べてきたとおりだ。

未来はひらけるか？

ここから、未来のことを書こう。この文章が読者の目にふれるころには、卒業式も終わり、新しい生活がスタートできていればよいのだが、見通しは決してあまいものではないようだ。優太郎《ゆうたろう》の高校卒業後の生活の基軸《きじく》として、一つに大学への進学、もう一つには彼《かれ》を事業主体とした生活（事業化）の二つを目標にしているが、一つ目の大学進学は、なかなか厳しいものとなっている。

優太郎はかねてより、高校卒業後は大学へ進学したいと意思表示をしていた。志望は経営学と福祉《ふくし》にしぼりこんだ。経営学は、めざす起業やその運営に役立つのではないか、また福祉は、優太郎の存在自体が社会福祉を学んでいく過程で他の学生たちも巻きこみ、生きた教材、たがいの刺激《しげき》になるのではないかと考えたためだ。夏ごろより、大阪《おおさか》、京都の大学にオープンキャンパス参加の申しこみをし、優太郎、真理と私の三人で訪問、説明をくりかえした。

大学側へは、なぜ大学進学を望んでいるのか、志望動機、大学生活への思い、また実際に入学した場合の支援《しえん》体制などを話した。主として入試課と学部学科（教務）の2部門への説明が必要だったのだが、こと優太郎の入学については、ほとんどの大学で2部門の温度差を感じた。すべてではないが、入試課はどうにか受験ができないものかと考慮《こうりょ》するが、教務はそのほとんどが入学後の単位取得が困難ではないか、重度障害をかかえる学生への支援は事実上困難とし、論文はどのようにして作成し、提出してもらえるのかなど、懸念《けねん》ばかりを唱え、前向きな姿勢を感じ取れる大学は皆無《かいむ》であった。

大学の対応にいきどおる

中でも今でもいきどおりを覚えるのが2校。一つは京都・H大学（宗教系）。もう一つは大阪《おおさか》・NK大学だ。

京都・H大学は　7月ごろのオープンキャンパスに参加。実はこの大学は、脳性まひをかかえながらも、社会啓発《けいはつ》活動を積極的に行ってこられたK氏が通っていた大学で、以前、K氏や母親から、宗教系なので障害などにも理解があると聞いていた経緯《けいい》もあり、少し期待して訪問した大学だった。

散々だった。この大学には支援《しえん》担当いわゆる「専門家」がいたのだ。自己紹介《しょうかい》によると京都の特別支援教育（以下、支援教育）に長年従事してきたとのことだった。いやな予感がした。専門家がかかわるとろくなことがない。これまでバクバクの会などを通して、京都の立ちおくれたインクルーシブ教育の現状をかいま見てきてもいる。

オープンキャンパスから2週間後、学部の先生方も交えて、優太郎《ゆうたろう》の受験にあたり、入学後の学習、大学生活が可能かの話し合いの場がもたれた。春日丘《かすがおか》高校定時制のE先生もかけつけてくれた。会議室に通され、大学側の顔ぶれを見ると、やはり例の支援担当が大学所属の看護師と思われる中年女性の横に着座していた。

話し合いは志望理由に始まり、受験はどのようにするのか、大学での授業はどうするのか、車いすや医療行為《いりょうこうい》に対するサポートに関して大学側としての協力はむずかしいなど、マイナスの質疑応答がくりかえされたが、当方からは、優太郎の高校での生活を私たちやＥ先生より実例を交え、説明を行った。また、雑誌に掲載《けいさい》された優太郎の記事などを出席者に回して読んでもらったが、ただ一人、回ってきた記事の中身を見ることなく、となりの看護師へ回したのが支援担当だった。そのとき看護師に何かを語った。聞こえはしなかったが、その口の動きから何を言ったのかは読み取れた。「大阪やからできるねん。大阪やからできるねん」。はき捨てるように彼《かれ》は言った。いかりがこみ上げた。

話し合いが終盤《しゅうばん》にさしかかったころ、ほかの大学の受験は考えてないのか、との質問があった。答えに迷ったが、Ｈ大学への入学を望むと言った記憶《きおく》がある。話し合いが終了してそれぞれが席をバラバラと立ち出したとき、その支援担当はこちらへ目を合わせることもなく、今度は声にして退室まぎわに言い放った。

「ほかの大学も受けたほうがよいですよ」

「福祉」をうたいながら…

もう一校は大阪《おおさか》・ＮＫ大学。

福祉《ふくし》系学部での可能性を考えオープンキャンパスへ参加をした、受付をすませると、志望学部のブースに案内された。ブースには女性の先生が2名。二人ともおどろいたような表情をしたが、そのうちの一人が対応をしてくれた。彼女《かのじょ》は社会福祉士のようである。話の中で、相談支援《しえん》業務を行うのが社会福祉士の役割であることを何度もくりかえした。それは理解している。そこはこの子にはむずかしいかもしれない。でも優太郎《ゆうたろう》のような障害をもった子どもの授業への参加など何か可能性はないのかなど、さまざまな角度から質問を投げかけてみたが、回答はオウムのように同じことをくりかえした。相談支援業務とは……。相談支援業務とは……。

頭に来た。この先生ははなから話を聞くつもりはなかったのだ。社会福祉士が聞いてあきれる。相談支援業務を教える者がこのようなレベルでは、授業を受ける学生たちもろくなものに育たないだろうと憤慨《ふんがい》した。ブースに案内してくれた入試課のスタッフに次をうながされたが、優太郎と真理を乗せ、帰宅の途《と》についた。

ほかの、オープンキャンパスへ参加した大学も、現在までは、検討の結果受け入れはむずかしい旨《むね》の通知をもらっている。来春の大学進学はかなり困難な状況《じょうきょう》になりつつあるが、1月の大学入試センター試験に、優太郎はチャレンジする。事務局へ配慮申請《はいりょしんせい》を行っていたが、先ごろ返答が帰ってきた。受験の補助に先生、看護師など、どのようにつけてもらってもかまわないとのこと。要するに好きなように受験してくださいということだ。最高の合理的配慮といえよう。ここで予想をこえる高得点を仮にでも取るようなことがあった場合、大学側はどのようにするのか。そうなればおもしろいのだが。少し見ものである。

社会へのかかわりをどうするか…（受動から能動へ）

大学への進学も重要であるが、卒業後、いちばん大切にしなくてはいけないのは、社会へのかかわりをどのようにしていくのかである。その方向性の一つとして、地元・枚《ひら》方《かた》市を地盤《じばん》とした事業展開がある。

　これについては、優太郎《ゆうたろう》本人というより、親の思いが強いかもしれない。学校という社会を去るにあたって、彼《かれ》の障害という一つの個性やこれまでの経験、出会い（ネットワーク）を生かせる場所、活躍《かつやく》できる場を創設したいとの思いである。それは、親である私たちの責任でもあるし、彼の未来を創造することは、ワクワクすることでもある。もちろん、本人と何度も話

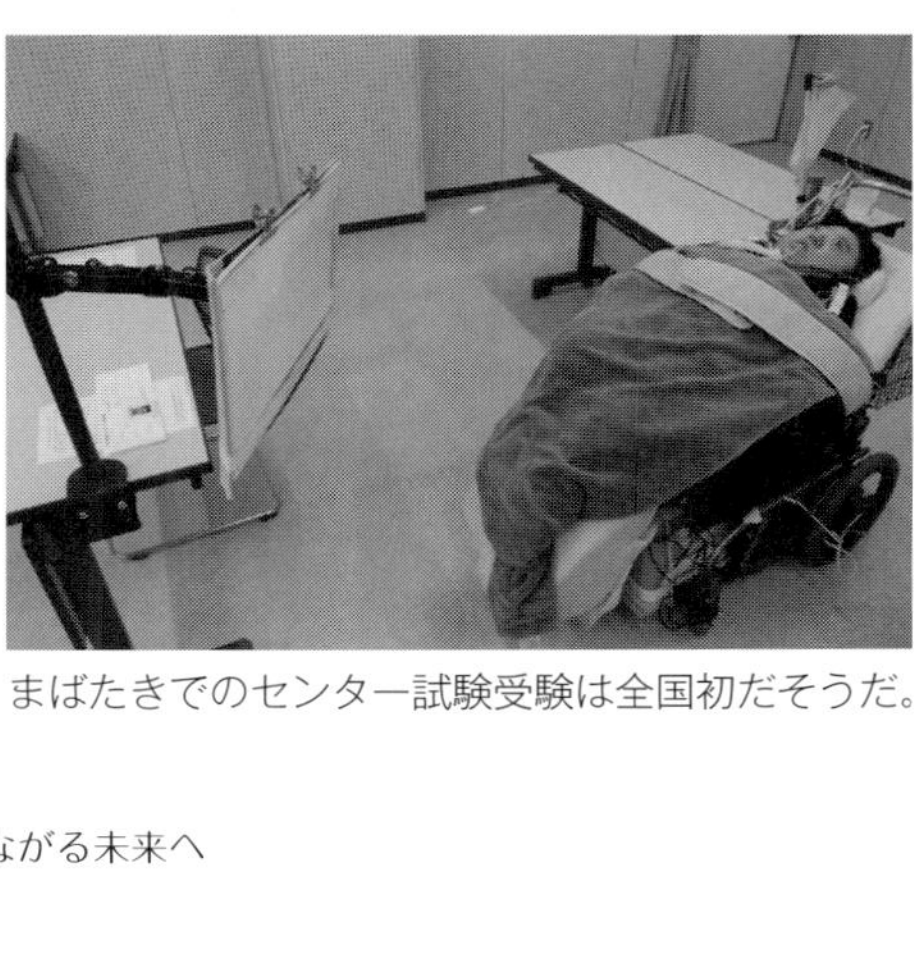

まばたきでのセンター試験受験は全国初だそうだ。

し合って、方向性を定めてきた。優太郎自身、自分が社長として指示を出し、協力者に手足となって動いてもらうという未来は、在学中の経験から自然に思いえがけるようだ。

具体的にはたとえば、優太郎を事業主体とした重度訪問介護《かいご》であり、所属するNPO法人ポムハウスの喀痰《かくたん》吸引研修事業の北河内エリアでの実施《じっし》などである。また、先にも紹介《しょうかい》したドキュメンタリー映画『風は生きよという』のDVD化にともなうイベントの開催《かいさい》や販売《はんばい》事業。さらに、重度の障害をかかえた優太郎が海外へコミュニケーションを図るための研修旅行に行くといったものを事業化してはどうかなど、おもしろい意見も元春日丘《かすがおか》高校定時制T先生から出されてもいる。

いずれにしても、社会での立ち位置を確立することが、卒業以降の重要課題であることはまちがいない。今度は優太郎自身が出会いの場をコーディネートする立場になることが望まれる。受動から能動へ。社会進出とはそういったものであろうと思う。

枚方市長への接見がかなう

2018年11月、枚方《ひらかた》市長への接見がかなった。真理が地道に参加を続けていた「枚方が好きやん　バリアフリー部」よりのおさそいを受けてのことだった。H部長、執行《しっこう》部のNさんを中心に枚方の街の段差の解消や、障害、高齢《こうれい》を問わず介護《かいご》に関するなやみなどを何でも相談し合える場所の提供を枚方市内で積極的に行っている方々の集まりだ。当日は私も参加した。枚方市役所最上階の市長公室近くの応接室へ通され、F市長の登場を待った。しばらくして関係部署の部長2名とともにF市長が来室した。

「どうも、みなさん。枚方市長のFです」

F市長は、枚方市議会議員から大阪《おおさか》府議会議員を務めておられる。議員当時は駅前で街頭のあいさつに立たれる姿をよく見かけ、なんだか親近感を覚えていた。

バリアフリー部部員の要望などが順次語られたあと、優太郎《ゆうたろう》の出番となった。

枚方市立さだ中学校を卒業したこと、現在は府立高校へ通学していることなどを話し、本題に入った。優太郎が在籍《ざいせき》中に学校や教育委員会より受けた差別的な言動や行為《こうい》について。また、医療《いりょう》的ケア児に対する対応が当時は不十分で、親のつきそいなどが強要されたこと。校外学習や修学旅行の交通手段において、リフト付きバスでみんなといっしょにと要望したが、差額の費用負担や理不尽《りふじん》な「健康面での理由」などで実現しなかったことなどを話した。F市長と側近二人は静かな表情で話を聞いてくれた。

しかしながら、優太郎の中学校卒業後は、医療的ケア児に対する看護師配置などは劇的に改善されている。そこで、今では市内11校で看護師のケアのもと、地元の小中学校などでみんなといっしょに学んでいる児童・生徒がいること、配置されている看護師の欠員に備え、教育委員会付きの予備要員も配置されていることなども、感謝の気持ちをこめて伝えた。

リフト付きバスに予算を

リフト付きバスの件については、もう一つ大事なことがあった。当時、この問題について学校側、教育委員会との話し合いを続けている最中、特に教育委員会側の役職者が、何度要望しても話し合いの場に出てこなかったのだ。業をにやしてN市議会議員のコネクションでアポイントをとってもらい、ようやく話をすることができたという経緯《けいい》で、しかもその役職者T氏は話の最後にこう言った。

「1人の生徒のために、貴重な税金を使うわけにはいかないんです。そんなことを言ってくる人もいますしね」

ただ、クラスの仲間といっしょに同じバスで修学旅行に参加したいという優太郎《ゆうたろう》の思いは、この一言で一蹴《いっしゅう》された。このような言葉は、枚方《ひらかた》市教育委員会だけではなく、その後、大阪《おおさか》府教育庁との話し合いの場でも聞くことになる。

「この先、枚方市の車いすの子どもたちが、みんなといっしょに校外学習や修学旅行に参加できるように、リフト付きバ

枚方《ひらかた》市長との接見、要望書提出、意見交換《こうかん》

スの差額を補填《ほてん》できる予備予算のようなものをぜひ、ご検討いただけましたらと思います。いかがでしょうか」

私は市長へ顔を向けた。市長より直接の回答はなかったが、関係部署の部長より、検討するとの言葉を聞いた。

F市長との接見は約30分で、あっという間に過ぎ去った。記念撮影《さつえい》のあと、次の予定があるのか側近が退室をうながしていたが、市長はつかつかと優太郎のもとへ。「こんにちは」と話しかけてくれた。優太郎は、平常心といった感じで大物ぶりを見せたが、まい上がったのは私のほうだったかもしれない。

私は、人工呼吸器など医療《いりょう》機器の説明を簡単にした。

「すごいですね」

市長は笑顔を見せ、興味をもたれたのか優太郎の車いすをひとしきり見て、退室された。優太郎の存在は、F市長の脳裏に焼きついただろうか……。

つながりは続く、何かがまた始まる

F市長との接見から約1か月後、「枚方《ひらかた》が好きやん　バリアフリー部」の計らいで、H部長宅で2人の枚方市議会議員と語らいの場を設けてもらった。これが、うまいからあげ弁当を食べながらの、肩《かた》のこらない、よいコミュニケーションだった。

同部主催《しゅさい》のクリスマス会もあった。2組のミニコンサート。どちらもすばらしかった。そのうちの一人がHさん。バリアフリー部員で、F市長との接見の際にも会っていた。Hさんの息子さんは重度の知的障害をかかえている。彼《かれ》とのきずなをうたった歌が心にしみた。さだ中学校時代、取り巻く状況《じょうきょう》が厳しかった1年生のころより、ただ一人、優太郎《ゆうたろう》に分けへだてなく接してくれた先生がいた。H先生。Hさんは、このH先生の親戚《しんせき》だったのだ。強いつながりを感じた。

高校の卒業がせまる中、ここに来て地元・枚方市、地域とのつながりが動き始めているのを感じる。きっと、何かがまた始まるのだと……心がおどっている。

6 障害、結婚、そしてチャレンジ！

プロフィール

安平　有希（やすひら　ゆき）　1981年10月25日生まれ・成人
気管支ぜんそくののち、高校3年生のとき進行性希少難病にかかり呼吸器ユーザーに。両上肢《じょうし》・両下肢《かし》・体幹障害などで24時間の医療《いりょう》的ケアと介助《かいじょ》が必要。2015年に結婚《けっこん》。東京都在住。

未熟児ながら元気な赤ちゃんだった

私は、１９８１年に母の実家がある宮城県の仙台《せんだい》市で、予定日より1か月早く２４００ｇの未熟児として生まれました。1か月間、保育器に入っていましたが、元気な赤ちゃんとしてふつうに退院しました。その後すぐ、父のいる茨城《いばらき》県にもどり、そこで幼稚《ようち》園、小学校、中学校、高校、大学と育ちました。家族は、研究者の父と専業主婦の母と一人っ子の私の３人家族でした。

小学校ではスポーツ少年団に入り、ハンドボールを6年間やりました。幼稚園から高校3年生までピアノを習い、小学校高学年では金管バンドでトランペットをふき、中学校・高校では部活でバイオリンをひいたりと、いろいろな経験をしました。

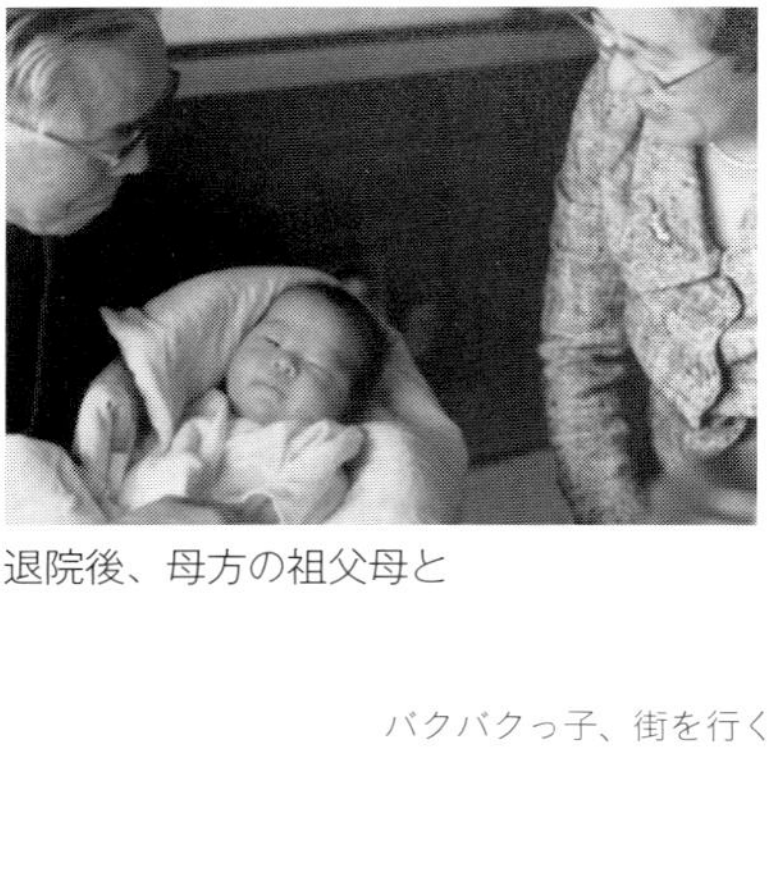

退院後、母方の祖父母と

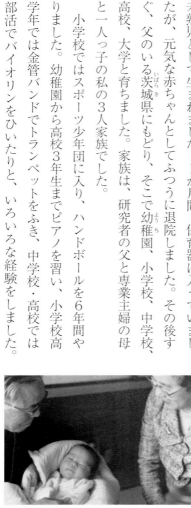

中・高は私立の一貫校《いっかん》でした。文化祭実行委員を6年間やり通し、書記を2年、最後には副委員長も務めました。

中高生のころは気管支ぜんそくで入退院

ただ、中高生のころは気管支ぜんそくで入退院をくりかえしていました。高校に上がると毎日のように発作が起き、3～6か月の長期入院が多くなりました。体調のいい日は病院から学校に通うこともたびたびありましたが、薬の副作用で骨の一部が壊死《えし》する大腿骨《だいたい》無菌《むきん》性骨壊死になり、車いすの生活になりました。それ以来その薬はやめて、保険のきかない薬を自費で処方してもらい自分で皮下注射をするようになりました。そうして入院生活から在宅へと移行しました。

入退院をくりかえす生活で高校の卒業単位数が足りず、両親と高校との話し合いになりました。よそから来たばかりの校長先生には、私立だ

ハンドボールの試合会場で祖父と

ピアノの発表会で父と連弾《れんだん》

から1人の生徒のために特別なことはできない、自分で大検をとればいいと言われたそうです。ですが、私をよく知ってくれていた、体育科と国語科の先生方が中心となって味方になってくれ、病院からもリハビリの先生と主治医の先生がかけつけてくれ、高校時代がいかに大切か説得してくれました。その結果、単位制に移行でき、もう1年かけて足りない分の単位だけを保健室で個別授業を受けたり、自宅でレポートを書いたりして補うことになりました。入院しているときは病院に先生が来てくれることもありました。レジデントの先生も勉強を見てくれました。そうやって先生方のおかげで、卒業に必要な単位を取っていきました。

進学の準備も進めました。キャンパス見学に行った地元の大学で、AO入試をすすめられました。ちょうど私の学びたい福祉《ふくし》の大学だったこともあり、受験することに決めました。試験は面接と論文、さらに面接でした。10月半ばには合格通知が届き、無事、産業社会学部社会福祉学科に合格しました。そして、入学金をはらった矢先に、進行性の希少難病を発症《はっしょう》したのでした。私は目の前が真っ暗になり、病気が私からすべてをうばったかのように感じました。

進学まぎわ、難病におそわれる

それは2000年、高校3年生の11月でした。

いつものようにぜんそくの発作が起き、注射を打っても効かず、2度目の注射を打ったら、いつもとは何かちがう、おかしな状態になるのを自分で感じました。母も私の異変に気づいたらしく、すぐにかかりつけの救急病院に連絡《れんらく》し私を連れて行きました。病院に着いたとたんです。突然《とつぜん》ガタガタと体がふるえ出し（悪寒とはまったくちがう）手はねじれ足は交差しわけのわからない状態になりました。すぐ、ＨＣＵ（高度治療《ちりょう》室）に入院しました。

筋電図をとっても針がふり切れて検査技師の人が医師に「もうかわいそうだから検査をやめさせてくれ」と言うほど体中の筋肉が拘縮《こうしゅく》してしまいました。疑われるあらゆる病気に対する治療（破傷風を想定してγ《ガンマ》グロブリン治療も）が行われました。しかし症状《しょうじょう》は一向によくならず、ＳＰＯ$_2$（血液中の酸素飽《ほう》和《わ》度）も下がる一方でした。痰《たん》を自力では出せなくなり口や鼻からカテーテルを入れ吸引をするようになりました。それはとてもつらく、ずっとつきそっていた母にも見せられないほどでした。苦しくて横になって寝《ね》ることはできず、座った状態で寝ていました。尿《にょう》も自力では出なくなり、４時間ごとに看護師さんが導尿《どうにょう》をしてくれていました。

重度障害者になった

もう救急病院では手に負えなくなり、年明けには救急病院からすぐ近くの大学病院に転院しました。しかし大学病院でもなかなか病名や治療《ちりょう》法がわからず、髄液《ずいえき》をアメリカのコネティカット州にあるエール大学に出してやっと「Progressive Encephalomyelitis with Rigidity（略《りゃく》称《しょう》P.E.R.正式な日本語名なし）」の診断《しんだん》がつきました。直訳すると「筋拘縮《こうしゅく》をともなう進行性脳脊髄炎《せきずいえん》」だそうです。スティッフマン症候群《しょうこうぐん》*とまちがわれがちですが全然ちがいます。当時、世界でも600例ほどしかない難病といわれ、治療法もなく、予後のわからない病気と宣告されました。両親には、早くて2か月の命とも宣告されたそうです。症状《しょうじょう》としては、全身の筋肉が脳からの指令で興奮し拘縮してしまう、けいれんや失神、不随意《ずいい》運動（意思にかかわらず起こる異常な運動）や振戦《しんせん》（体の一部に起こるリズミカルなふるえ）などがあります。

のどの筋肉も拘縮して気管に張りついてしまうため呼吸がむずかしく、すぐに経鼻挿管《そうかん》（鼻から管を通して呼吸を確保する）となりました。でも、改善が見られず、数日後気管切開をすることになりました。そのとき私が未成年だったからか、病気の真っただ中だったからなのか、私へのくわしい説明はありませんでした。のちに声を失うことも知りませんでした。そうして突然《とつぜん》、私は両上肢《じょうし》障害1級・両下肢《かし》障害1級・体幹障害1級の重度障害者になったのです。

闘病《とうびょう》と並行して高校卒業、大学進学

高校の単位はなんとか取り終えていたので、高校は卒業を認めてくれ、病院に学年

*非常にまれな進行性の神経性疾患《しっかん》で自己免疫《めんえき》疾患の一種。筋肉を弛緩《しかん》させる神経系統がうまく働かず、痛みをともなう硬直《こうちょく》や筋けいれんを起こし、音や接触《せっしょく》などの体感によって症状《しょうじょう》が誘発《ゆうはつ》、悪化する。スティッフパーソン症候群《しょうこうぐん》ともいう。

主任の先生と担任の先生と友人たちが来て、1年おくれの卒業式をしてくれました。

大学もとても協力的で、病状が変わり障害程度も大きく変わったのに、そのまま入学を認めてくれました。そして、当時県立のリハビリ病院に転院して入院中の私がどのようにしたら単位を取れるか考えてくれました。そして、医務室での痰《たん》の吸引、モニターを使う教室での車いすや机の配置など、具体的な配慮《はいりょ》を受けられることになりました。

入学はできたものの、大学1年生のときは、ほとんど入院生活で過ぎました。また、その後も、以下にふりかえるように、たびたびの医療《いりょう》的処置を受けることになりました。

前述の気管切開をしたあと大学病院にいる間に人工呼吸器もはずれ、スピーチカニューレ（息を吸うときは空気が通り、はくときは通らない一方方向弁により発声が可能）を使っていたので、コミュニケーションにはあまり困りませんでした。

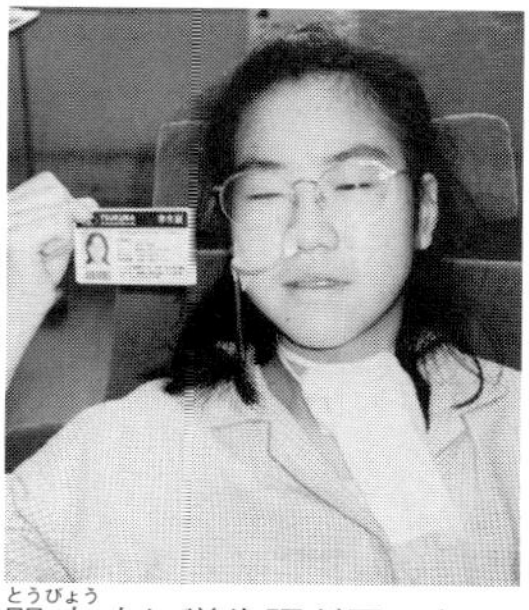
闘病《とうびょう》中に学生証が届いた

排尿《はいにょう》障害が続いていました。尿道《にょうどう》カテーテルの長期留置は感染症《しょう》を引き起こす可能性が高いということで、医師の判断で、おなかに穴をあけ直接膀胱《ぼうこう》にカテーテルを通す膀胱ろうを造設しました。膀胱ろうを造設した直後は膀胱結石になやまされ、訪問看護師の指示のもと毎日膀胱洗浄《せんじょう》をして、クランベリージュースが効くといわれ毎日すっぱいジュースを苦労して飲んでいたにもかかわらず、結石を尿道から取り出す尿道結石除去手術を約8か月の間に2回行いました。しかし、訪問看護の新しい方針で膀胱洗浄をやめたら膀胱結石になやまされることはなくなりました。そしてクランベリージュースを飲む必要もなくなりました。

大学に通える日々もあった

1年生のときは、セミナーの授業しか単位は取れませんでした。でも、成人式には参加できました。祖母がリハビリ病院に呉服《ごふく》屋を呼んで、がらを選び採寸をして、着物を買ってくれました。二部式に仕立ててもらい、みんなと同じ着物姿で参加することができたのです。

成人式に両祖母と家族そろって

2年生になり学校に行けるようになってからは、ふだんの授業のノートテイクも、母だけではなく、同じ講義を受けている友人にたのんだりボランティアをつのったりしてやってもらっていました。学校内の移動は最初は母がつきそっていたものの、途《と》中《ちゅう》からは母のつきそいをやめ、同じセミナーの学生たちが交代でやってくれました。

電動車いすになってからは、自分で移動できるので自由でした。痰《たん》の吸引は医務室の先生がやってくれることになっていました。昼食は、友人と大学の前の車の行き来が激しい道路をわたった向かいにあるコンビニに買いに行ったりしていました。試験は別室で学科助手の先生と行う口述筆記に代えたり、得意な論文や口頭試問にしたりしてくれました。おかげで4年生のときも、就職活動を始める友人たちをよそに、私は月曜から金曜までぎっちり授業が入っていました。それでもそのようにして卒業に必要な単位は全部取り、4年間でみんなといっしょに卒業することができました。

大きな発作を起こす

ところが、卒業も近づいたころ、大きな発作を起こしました。1週間ほど意識がもどらず、入院しました。その入院中に、高カロリー輸液のためCVポート＊1を造設しました。そのときの退院カンファレンスで、訪問看護のほかに医師の往《おう》診《しん》が受けられることになりました。それまでは、気管カニューレ交換や膀胱《ぼうこう》ろうのカテーテル交換《こうかん》は2週間に一度病院に行ってやっていました。

しかし、1年半でこのCVポートに体の中から菌《きん》が入り、敗血症《しょう》になってしまいます。40度をこえる熱が数日間続き、緊急摘出《きんきゅうてきしゅつ》手術を行いましたが、なかなか抗生剤《こうせいざい》が効かず危険な状態になりました。そのときICUシンドローム＊2にもな

＊1　皮下うめこみ型中心静脈ポート。通常は鎖骨《さこつ》の下の血管からカテーテルを挿《そう》入《にゅう》して右または左の皮膚《ひふ》の下に本体をうめこみ、心臓近くの大動脈に留置する。

＊2　ICU（集中治療《ちりょう》室）症候《しょうこう》群。手術による身体的・心理的ストレスがもとで生じる見当識障害や幻覚《げんかく》、多動など行動の異常をいう。

り、私の場合は暴れたりするのではなく極度のうつになりました。そこでCVポートの再造設はあきらめ、急遽《きゅうきょ》、おなかに穴をあけ胃にチューブを通す胃ろうを造設し、退院しました。

一時期は誤嚥《ごえん》性肺炎《はいえん》になり完全経管栄養になりましたが、母の努力のかいがあり、約1年半かかったものの、最後には経口で食事がとれるようになりました。最後まで苦労したのは水分でした。今は、発作時と投薬のときと水分補給のときに胃ろうを使っています。

多くの障害をもつことに

その後、呼吸機能が弱ってきて、24歳《さい》のときにバイパップ（気管切開孔《こう》に直接機械をつなぐ簡易的な人工呼吸法）を使用し始めましたが、翌年、慢性《まんせい》呼吸不全により人工呼吸器をつけるようになり、呼吸機能障害1級になりました。今は苦しくてスピーチカニューレが使えないため、声は口に空気をためて破裂《はれつ》音を中心にしてコミュニケーションをとっていますが、かすかな声にしかならないため慣れている人でないと聞き取りにくいのが現状です。そのため音声機能による言語障害3級になりました。

それからも薬の副作用により、両目ともかなりひどい白内障になり、27歳のときに手術はしたものの、手術の際水晶体《すいしょう》をおおう膜《まく》が破れ視覚障害4級が残りました。また、病気の影響《えいきょう》で突発《とっぱつ》性難聴《なんちょう》になり、左耳が完全失聴《しっちょう》し、右耳も特発性難聴で聞こえづらくなり聴覚《ちょうかく》障害4級になりました。

大学の卒業式、そしてそれから

そんなさなかでしたが、大学の卒業式には参加できました。式のときは、当時利用していた訪問看護ステーションのケアマネジャーさんが袴《はかま》の着付けができるということで、朝家に来てくれて袴をはかせてくれました。大学に行くと、大講堂のいちばん前の机がはずされ、私のスペースが作ってありました。そして名前を呼ばれると、さんざんお世話になった学科主任の先生が壇上《だんじょう》から下りてきてくれ、私のもとにやってきて、「おめでとう」の言葉とともに卒業証書を授与《じゅよ》してくれました。すると会場から一段と大きな拍手《はくしゅ》が起こりました。4年間をともにしたみんなといっしょに卒業できたうれしさがこみあげ、入院や通院以外はほぼきちんと通えた（一度だけサボった）ことがよかったなあ、と思いました。

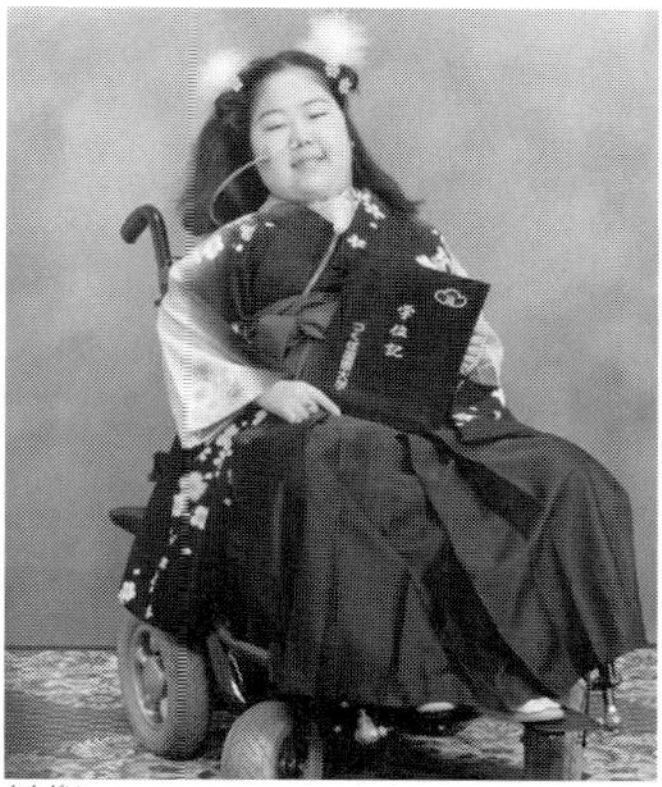
感慨《かんがい》深かった大学の卒業式

しかし、大学を卒業したあと、私の人生はぱたりと時間が止まってしまいました。なぜかというと、就職できなかったからです。当時は電動車いすを使ってはいたものの、障害から考えれば、ふつうの就職がむずかしいのは仕方のないことだったとは思います。まだ障害を理由とする差別の解消の推進に関する法律（以下、障害者差別解消法）も施行《しこう》されておらず、理解がまだまだ進んでいない当時のことです。ですが、このことで私の生活に空白の時間ができてしまったのです。病院に通い、その帰りに近くのデパートに寄るくらいしかすることがなく、残りの時間はただただベッドにいる日々が続きました。

自立支援委員の活動をきっかけに外へ

そのようなとき、市から障害者の自立を支援《しえん》するために何が必要かを考える自立支援委員を委託《いたく》され、３年間、自立支援委員として毎月の会議に参加しました。

それをきっかけに、私はまた外に出ていけるようになりました。25歳《さい》ごろのことです。病気になってからずっとファンだった、今は解散したＳＭＡＰ《スマップ》のコンサートに再び行ったり、小学校のころからサポーターをしていた鹿島《かしま》アントラーズの試合を観に行ったりもしました。そういえば学生時代には、日韓共催《にっかんきょうさい》ワールドカップの日本対ロシア戦を横浜《よこはま》国際競技場まで観に行っています（チケットは、車いす席でも朝10時から夕方6時まで毎日母に電話をかけ続けてもらい、４日目の夕方にやっと取れました！）。またディズニーランドにも、祖母がスポンサーになり、毎年一泊《いっぱく》で行くのも恒例《こうれい》になりました。出かけるときはバリアフリーか調べてから出かけるようにしていたので、車いすでも行った先で困ることはあまりありませんでした。

ＳＭＡＰの20周年記念イベントにも行きました。デビュー時と同じ9月9日、同じ西武遊園地での、1万人限定のファンミーティングです。私だけ当選し、介助《かいじょ》でも家族のつきそいなどはだめとのことで、当時主流だったmixi《ミクシィ》のＳＭＡＰのコミュニティサイトで介助してくれる人を探して参加しました。初めてＳＭＡＰのメンバーに直接会い、全員と握手《あくしゅ》もできました。

当事者の会に入会

バクバクの会に入会したのはこのころでした。まわりに人工呼吸器の人がいなかったのでパソコンで調べて入会しました。茨城《いばらき》支部の交流会に参加したとき、あちらこちらに出かけているという話をしたら、支部の幹事さんが役員会で推薦《すいせん》してくれたのか、事務局から当事者エッセーを書かないかといわれ「有希のタブーは知らない」というエッセーを連載《れんさい》するようになり、今に至ります。

同時期、母からは、将来親がいなくなったときのことを考えるよういわれていました。自立するか、施設《しせつ》に入るかの選択《せんたく》をせまられていたのです。私は、施設はがんじがらめの生活にショートステイでこりていたので、自立しか考えていませんでした。しかし、地元の自立生活センターには、痰《たん》の吸引ができないなどといろいろ理由をつけられ、受け入れを拒否《きょひ》されました。

全国自立生活センター協議会に相談して、そこで紹介《しょうかい》されたのが「呼《こ》ネット」（人工呼吸器ユーザーネットワーク）です。やはり人工呼吸器を使っている人がおもなメンバーで、こちらにも入会しました。

ある男性と知り合う

当時、私はブログをやっていたのですが、悪質なトラブルに巻きこまれ、やめていました。そんなとき、知り合いからFacebook《フェイスブック》をすすめられました。Facebookは私の生活をとても豊かにしてくれました。いろいろな人の生活を知り、同じような障害の人と情報交換《こうかん》をすることがブログよりできました。Facebookで知り合った呼ネットの事務局の人に、会が主催《しゅさい》する自立体験合宿をすすめられ、参加しました。この合宿では、両親はもちろん慣れているヘルパーさん（サービスを提供する人）もつかず、会が用意した初めて会う介護《かいご》者さん（生活全般を支援する人）と二泊三日《にはくみっか》をすごしました。新宿にある戸山サンライズ（全国障害者総合福祉《ふくし》センター）で、介護者への指示の出し方や調理・入浴などのカリキュラムをこなし、金銭の管理の仕方や福祉の制度についての勉強もしました。

このようにして、少しずつ自立へと進んでいこうとしていたときのことでした。一人の男性から友達申請《しんせい》がありました。友達申請はよくあることなので、ふつうにその男性のプロフィールやアップしている内容を見てみました。正直、その男性のアップする内容は私の知らない車のことばかりでしたので、どうしたらいいか迷いしばらくそのままにしていました。でも、その男性の顔写真にあたる部分がハートプラスマーク（身体の内部に障害をもつことを表すマーク）になっていたので、何か気になって承認してみました。それからです。私の記事に頻繁《ひんぱん》にコメントをしてくれるようになり、私もそのコメントに返信をするようになりました。そうしているうちになんだか気が合い、Facebook の中の Messenger《メッセンジャー》という機能で個人的に話すようになりました。

気持ちは結婚へ

彼《かれ》は当時48歳《さい》、私は32歳という16歳差でした。しかも、すでにネット社会のトラブルに巻きこまれた経験があるのに、今思うとよく気を許したなぁと思います。よく聞くと、彼は大動脈弁閉鎖《へいさ》不全症《しょう》という持病がありました。大動脈弁のしまりが悪くなって左心室から大動脈におし出された血液が左心室へと逆流してしまう病気で、大動脈弁を人工弁に置きかえる手術をして、今は心臓機能障害1級とのこと。でも、ふだんの生活に支障はないということでした。私も自分の病気や障害のことは全部話し、それでも意気投合した私たちは LINE《ライン》で会話をするようになったことで、おたがい呼ネットに所属していることも知りました。

そして話し合ううちに自然と好意をもつようになり、両親にも話していないのに勢いで「つきあおう、つきあうなら結婚《けっこん》を前提に真剣《しんけん》につきあおう」ということになりました。このとき、私は自分が障害や病気をもって結婚するということに何の抵抗《ていこう》も感じていませんでした。なぜかふつうに結婚という言葉をすんなり受け入れていました。

しかし、ここで問題が起きました。彼は東京在住、私は茨城《いばらき》在住で近いようで遠く、両親にもまだ話していなかったので、会うことが困難だったことです。私たちはLINE通話で毎晩話をしていました。そのころには、年の差も忘れておたがいの気持ちは結婚に向かってつき進んでいきました。それでもなかなか会うことはかないませんでした。

そんなある日、呼ネットの主催《しゅさい》した呼吸器の学習会で、やっと彼と実際に会うことができました。なんとなく自然に近づいていっておたがい手をにぎりました。そして学習会が終わったあと、会場にあった喫茶《きっさ》店で、彼を両親に紹介《しょうかい》することができました。あらかじめ今までの経《けい》緯《い》を話しておいた両親からは、あっけないほど反対はなく、交際を応援《おうえん》してもらえました。

デートにヘルパーは使えない!?

それからは、彼《かれ》が東京から茨城《いばらき》までつくばエキスプレスを使い来てくれるようになりました。いつもデートは決まったショッピングモールで、私は両親に車で送ってもらい二人でプリクラをとったりUFOキャッチャーをしたり、ウィンドウショッピングをしたりとデートを重ねました。しかし、ここで問題が起きたのです。当時私はあたりまえのように移動支援《しえん》を使い、ヘルパーさんにつきそってもらいデートをしていました。そのデートの現場を、市の職員が目《もく》撃《げき》したらしく、デートのときは彼がついているのだからヘルパーの必要はない、移動支援を使うなと、障害福祉《ふくし》課から通達がありました。

しかし彼はヘルパーでもなく障害者であり、痰《たん》の吸引の仕方や人工呼吸器のバッテリーのかえ方など知るよしもありません。そこで、市の障害福祉課に抗議《こうぎ》し、移動支援マニュアルの開示を求めたのですが、応じてもらえませんでした。

それでもデートを続けたかった私たちは、仕方なく彼に痰の吸引や人工呼吸器のバッテリー交換《こうかん》のやり方を覚えてもらい、二人でのデートを始めました。

プロポーズ、婚約、結婚へ

そんな日が1年ほど続いて、2014年の秋、私の33歳《さい》の誕生日に、近くのホテルのレストランでプロポーズされました。いつしょに選んだシャネルの口紅のプレゼントと、事前に彼《かれ》がサ

ハッピーバースデーとプロポーズ

教会のみなさんに祝福されて婚約《こんやく》式

プライズでたのんでおいてくれたバースデーケーキとともに。もちろん私の答えはYES《イエス》でした。その次の週には両親に結婚《けっこん》したい旨《むね》を告げ、両親からは認められ婚約《こんやく》という形になりました。12月末には、彼と私と両親でスカイツリーに行き特別展望台まで上りました。初めてのスカイツリーでワクワクしていたのですが、行く直前にテレビでクリスマス特集として取り上げられてしまったので、かくれスポットも人でいっぱいでした。そのとき私は、彼へのクリスマスプレゼントに、母に教わって作った手編みのマフラーをおくりました。

私はクリスチャンだったので、婚約したことを牧師先生にも報告し、婚約式と結婚式を私の母教会で挙げることにしました。彼はクリスチャンではなく、「神様とは何か」「神様の愛とは何か」を勉強する必要がありました。そこで彼の教会通いが始まり、牧師先生とのマンツーマンの勉強が始まりました。そして翌年の1月、教会のみなさんに祝福されて婚約式がとり行われました。それからも彼の牧師先生との勉強は続きました。4月の彼の誕生日には、父からは聖書を、私は聖書カバーをおくりました。勉強は続き、そうしてその年の6月に、私の母教会で家族、友人、知人や教会の方々の祝福を受けながら結婚式がとり行われました。

式はウエディングドレスで

純白のウエディングドレスにあこがれた私は、インターネットでいろいろ調べ、借りるよりも格安で購入《こうにゅう》できるところを見つけました。そしてお店に行き、がらだけ選んで採寸してもらったオーダーメイドのドレスを購入しました。彼《かれ》はインターネットで調べて、格安のネットレンタルのお店でタキシードから靴《くつ》まで一式借りました。

当時お金のなかった私たちは、式は私の母教会で挙げましたが、披露宴《ひろうえん》は、少しはなれたところにあるばらのきれいなレストランを貸し切って手作りでしました。何から何まで手作りで、ブーケトスのブーケだけは注文したものの、花嫁《はなよめ》がずっと持っているブーケは母が作ってくれました。司会も小学校時代の友人にしてもらうなど、アットホームな披露宴になったのではないかと思います。このとき薬の副作用で太っていたことが唯一《ゆいいつ》の心残りです。

当日は、気管支ぜんそくでお世話になった病院の先生は

純白のウエディングドレスで結婚《けっこん》式

転勤された先の神奈川《かながわ》から、小さいころからとてもかわいがってくれた母の従弟《いとこ》（年齢《ねんれい》は私の従兄といっていいくらい近い）や、その両親にあたる大叔父《おじ》・大叔母《おば》などはわざわざ朝早く宮城から車で来てくれました。小児科でお世話になった先生は、開業していて午前中は外来があったので、せめて披露宴だけでもとかけつけてくれ、そして披露宴では素敵な歌を披露してくれました。呼ネットのメンバーをはじめ、ほかにもたくさんの人が遠くから来てくれました。

母の従弟には婚姻《こんいん》届けの私の証人にもなってもらい、その日の夜に市役所に提出しました。結婚《けっこん》情報誌の付録にあった、ピンク色の水にぬれても破れないという婚姻届けです。市役所では夜間受付の人がとても親切で、記念写真をとってくれました。こうして、彼は私の夫になりました。

夫と暮らし始めてからの介護状況など

その年の秋には私は親元をはなれ、夫の暮らす東京に移りました。２００９年から飼い始めた愛犬（トイプードル）と、夫が昔から飼っている愛猫《あいびょう》との４人（？）暮らしが始まったのです。人工呼吸器を使っているのに犬？　猫《ねこ》？　と思われるかもしれませんが、人工呼吸器を使っている人で動物を飼っている人は意外と多いのです。特に、トイプードルは毛がぬけにくいため問題ありません。私のベッドの上で一日のほとんどをすごしています。というか、びびりなのか私のベッドから下りたことは一度しかありません。

転居したその日に住民票を移し、訪問介護《かいご》は、仮契約《けいやく》してあった介護事業所A社とB社が初日から入ってくれました。本当は最初から重度訪問介護を使いたくて、事前に区役所に行って重度訪問の支給決定の交渉《こうしょう》をしていたのですが、私が東京都民になって新たに東京都の判定がおりるまでは、茨城《いばらき》で暮らしていたときと同じ訪問介護の支給量しか出せないとのことでした。そこで、支給決定がおりるまでの2週間ほどは、母が泊《と》まりこんで支えてくれました。

というわけで、最初は実家にいたときと同じ朝と夕方に、食事介助《かいじょ》と整容のために1時間ずつ介護《かいご》者さんが来ていました。A社は、本人の意思を尊重し親密になってくれる事業所だったのですが、B社は、老人介護の事業所だったせいか、リハビリでもやらせようとしているのか、自立支援《しえん》をできないことも自分でさせることと勘《かん》ちがいしていて、手がふるえてできない歯みがきを自分でしてくださいなど無理難題を言いました。私はそのことでストレスを感じ、発作を頻繁《ひんぱん》に起こすようになりました。発作を起こし手が壁《かべ》にぶつかったのを、自分で壁をたたいたとか、あることないことも言われました。一度は発作で人工呼吸器がはずれてあごでカニューレをふさいでしまい、母がかけつけたときにはチアノーゼを起こしていたこともありました。

幸いA社で全部の時間数をまかなえるようになったこともあり、B社とは契約を解除しました。そして支給決定も重度訪問で1日22時間（月682時間）おり、足りない2時間は事業所が必要だと認めてくれ事業所持ち出しで24時間介護に入ってくれました。

なぜ夫がいるのに24時間介護を得ることができたかというと、夫は睡眠《すいみん》時無呼吸症候《しょうこう》群もあり、シーパップ（経鼻的持続陽圧呼吸療法《りょうほう》。機械で圧力をかけた空気を鼻から気道に送りこみ、気道を広げて睡眠中の無呼吸を防止する治療《ちりょう》法）をしていて、適切な睡眠時間が必要なためです。夜間の夫による介護はできないと判断してもらえたのです。

介護者といっしょの生活に慣れる

その後夫が仕事を変えたこともあって再度支給時間の判定をしてもらい、今の支給時間は７４３時間です。１日24時間×31日＝７４４時間から１時間（介護《かいご》と看護は両立しないという区の考えのもと、ざっくりとですが訪問看護の時間30分×２回分として）引かれています。

重度訪問介護になった当初は、訪問介護とはちがう、介護者さんといっしょに生活するというのになかなか慣れませんでした。訪問介護時代は、ヘルパーさんはお手洗いをすませてから来るので、うちでお手洗いを使うということはなかったのですが、日勤は10時間、夜勤は14時間いっしょにいるわけですから当然お手洗いにも行きます。食事もいっしょにするので、水を利用したり、電子レンジを使用したりもします。最初、私には生活をともにするということがわからず、いちいちコーディネーターに確認をとっていました。

今思うとあたりまえのことなので、当時を思い返すとおかしくて仕方ありません。

マンションでの仮住まいから都営の車いす住宅へ

都営住宅の車いす住宅を希望していた私たちは、その応募《おうぼ》資格を得るためにも、私がまず東京都民になる必要がありました。そこでいったんふつうのマンションに身を置きました。しかし私は愛犬を連れていて、夫も愛猫《あいびょう》を連れていて、犬も猫《ねこ》もだいじょうぶなマンションはなかなか見つからず、決まるまで時間がかかってしまいました。

やっと決まったマンションは各部屋に段差があり、夫がスロープを自作してくれました。角部屋でとびらが全開しないため車いすでは出入りしにくく、玄関《げんかん》にも当然段差があったため、事業所の代表が木で取り外し可能なスロープを作ってくれました。それがなかったら、たぶん私はひきこもりになっていたと思います。それでも出かけるのに一苦労していました。

幸い1年ほどで都営住宅に当選して、同じ区内の車いす住宅に移ることができました。車いす住宅は、玄関のとびらは開け閉めしやすい引き戸になっていて、間口も大きく作られていて段差もありません。部屋は当然バリアフリーで、またリビングと居室の間にも仕切りはなく、自分たちでカーテンを取り付けました。居室からはベランダに出られるようになっていて、ベランダには外に出られるようにスロープがついています。今ではほとんどそちらを玄関代わりにして、正規の玄関は私はあまり使っていません。

新たな主治医

私の新生活の核《かく》となる大学病院とそこの主治医は、呼ネットの代表に紹介《しょうかい》してもらいました。幸い、実家から通っていた大学病院の主治医がその先生を知っていて、診療《しんりょう》情報提供書はすぐに書いてもらえました。新しい先生の初診《しょしん》では、診療情報提供書の情報の多さ、そして薬のあまりの多さにおどろかれました。1回では把握《はあく》できないからと、次の週もみてくれることになりました。先生は最初は薬はいじらないと言っていたのですが、結果的に薬を整理し減らしてくれることになるのがこの先生でした。在宅の往診の先生は夫が調べてきてくれました。

当時は車がなかったので、大学病院に通うのに行きは介護《かいご》タクシーを利用し、帰りはバスに乗って帰っていました。実家ではリフト付きの自家用車があったうえ、ノンステップバスの稼《か》働率《どう》が低くワンステップバス（つまりは車いすで乗れないバス）がメインだったので。バスを利用したことは一度しかありませんでした。それが、東京ではノンステップバスが当然。スロープを運転手さんが出してくれます。そして昇降時《しょうこうじ》には手伝ってくれる運転手さんが増えました。もっとも、障害者差別解消法が施行《しこう》された今、茨城《いばらき》でもノンステップバスがふつうになっているとは思いますが……。

COLUMN

とんでもないバス乗車経験

茨城《いばらき》県の実家住まいのころには、バスには一度しか乗ったことがありません。その一度きりの経験の話です。大学の筋ジストロフィーの後輩《こうはい》が電動車いすでどこにも出かけたことがないというので、私の友人たちに手伝ってもらい、少しはなれたところにあるつくばわんわんランドというテーマパークまで、市の運営しているバスで行くことにしました。

ところが、事前に市に電話で問い合わせて車いすで乗れることを確認していたのですが、実際行ってみるとバスの中の車いすスペースはそうじ道具置き場と化し、とても乗れる状態ではありませんでした。それをどかして乗りこもうとしたら、今度は運転手がリフトの操作を知らないというのです。あきれた私たちは、自分たちとバス停まで送ってくれた父とでリフトを操作し、乗りこみました。固定なんて当然ありません。しかも運転はあらくて、友人たちが私の車いすのタイヤに足をはさんでおさえてくれました。それでも私の車いすのクラッチの部分がこわれてしまいました。

帰りは、移動支援《しえん》の時間で介護《かいご》者さんが帰らないといけなかったので、私はみんなより一足先にむかえに来た父の車で帰ったのですが、後輩は帰りのバスで乗車拒否《きょひ》にあったらしく、結局後輩も父親にむかえに来てもらい帰ったそうです。

もちろん市には「市長への便り」という制度を使って苦情を入れ、市の担当部署からおわびの電話がかかってきました。このことがあって、それ以来バスには乗っていませんでした。

現在の受診状況《じゅしんじょうきょう》

今は、4週間に一度のペースで、大学病院の脳神経内科外来と同じ大学病院のメンタルクリニック外来に通っています。1か月半に一度のペースでペインクリニック外来にも通っています。また、2週間に一度の往診《おうしん》でカニューレ交換《こうかん》と膀胱《ぼうこう》ろうのカテーテル交換をしています。ほかに、週1回の訪問看護と週5、6回の訪問マッサージを利用しています。これは基本的には月曜日から金曜日までですが、私の希望で土曜日も来てくれます。入浴は月4回の訪問入浴を利用しています（7~9月を除いて5週あるときは1回休みになります）。

リハビリは、認知神経リハビリテーションという特殊《とくしゅ》なリハビリで、3週間に一度、となりの区の病院に通っていましたが、病院の都合でリハビリが廃止《はいし》になり、一時期は行けていませんでした。しかし最近になって、そのときのリハビリの先生が、神奈川《かながわ》にある病院に認知神経リハビリテーションをやっている先生がいるということで紹介《しょうかい》してくれ、月1回のペースで通い始めたところです。認知神経リハビリテーションは、ものをさわって形を感じたり、スポンジを体にふれさせかたさを感じたりするリハビリで、とても頭を使うので、1単位20分を2単位やっただけでかなりつかれます。でも、このリハビリがなかったら、私の手は今ほど動いていなかったでしょう。

結婚後にはいろいろなことが…

結婚《けっこん》して自立してから、いろいろなことがありました。最初のマンションで夫の愛猫《あいびょう》が突然《とつぜん》亡くなりました。死因はわかりません。猫《ねこ》はいつも、夫の部屋が寒いあまり、夜中になると私の部屋のとびらをガリガリやって介護《かいご》者さんを起こし、介護者さんがとびらを開けるのをいいことに私の部屋に入ってきては介護者さんの布団にもぐりこんでいたものです。

火葬のため区の職員が引き取りに来たときのことでした。今まで私のベッドから一度も下りたことのない愛犬が、ベッドから飛び下り猫のもとへかけ寄ったのです。これには私もびっくりしました。愛犬が私のベッドから下りたのは今のところこれが最初で最後です。

私の体調は、20代後半は小康状態が続いていましたが、結婚の翌年に、一時的なストレスによる過食でⅡ型糖尿《とうにょう》病になり、1か月ほど大学病院に緊急《きんきゅう》入院しました。入院時は病院側が夜間の介護者さんのつきそいを認めず、朝食介助から夕食介助までは介護《かいご》者さんがつきそい、夜は仕事を終えた夫が泊《と》まりこむという、夫にとっては精神的にも肉体的にもつらい日々が続きました。一時はインスリンの自己注射も行っていましたが、幸いⅡ型糖尿病は完治しました。

現在、上肢《じょうし》は認知神経リハビリテーションのおかげで発症《はっしょう》当時よりは動くようになりましたが、食事も着がえも車いすやベッドへの移乗も全介助、排便《はいべん》もベッド上での生活です。車いすは、以前は全体の角度を変えられるティルト機能と、背もたれの角度が変えられる機能のついた電動車いすを使用していた時期もありました。現在は、病気の進行で体勢の維持がむずかしく、全体的に車いすをたおすようになっており、前が見えず不安なので、介助用の車いすでティルト機能とリクライニング機能がついたものを使っています。

バクバクの会の編集長に就任

そのころバクバクの会では、前任の編集長から編集長交代の依頼《いらい》を受けました。最初はとまどったので会長に相談したのですが、前任者の編集長の辞意が固かったことや、年に4回の大《おお》阪《さか》での会議はSkype《スカイプ》で参加すれば問題ないという判断から、役員会で承認され、私が編集長に就任することになりました。

さらに、利用している重度訪問介護《かいご》事業所にも、何か私にできることがないかとたずねたところ、当事者スタッフとしてかかわってほしいといわれました。事務所での当事者会議に参加してほしいとのことで、毎週事務所に通うようになりました。まずは自立支援《しえん》マニュアルを手がけ、日常生活動作のすべてに自己選択《せんたく》・自己決定・自己責任ができるために何が必要か、マニュアルが自立の道しるべになるにはどうしたらいいかと考えて完成させました。また、事業所の会報誌も年に2回出すようになりました。そのほか、今はおもに防災について取り組んでいるので、区の総合防災訓練や、防災に関する学習会やシンポジウムに参加したりしています。

当事者団体の事務局に入っての活動あれこれ

自立体験合宿以来念願だった、呼ネットの事務局にも入ることができました。東大和市や府中市まで、毎月会議参加のため電車で通っています。

最近では、DPI日本会議（障害者インターナショナル日本会議）とANAと成田空港の共催《きょうさい》によるバックヤードツアーに、呼ネットからは私が呼吸器ユーザー代表として参加しました。保安検査場で手荷物検査を受けて中に入りました。私の場合、事前に呼吸器や吸引器のバッテリーなどのメーカーや種類、ワット数などをくわしく申告する必要がありました。申告はしてあっても、痰《たん》吸引用の滅菌《めっきん》精製水が開封《かいふう》ずみだったのでセキュリティに引っかかり、比重を測る検査や保安検査官が直接においをかぐ臭気《しゅうき》検査などを受けました。この場合、医師の指示書があると保安検査官もわかりやすいとのことでした。一方、尿《にょう》バッグに関しては自己申告でいいとのことでした。そして、電動車いすがどうやってコンテナまで運ばれていくのか、また、コンテナ内でどのように固定するのかなど、ようすを見学しました。私のは介助《かいじょ》用車いすだったのですが、大きいので、やはり電動車いすと同じようにコンテナに積みこむとのことでした。

バックヤードを見学したあとは、ANAや成田空港のバリアフリー担当者たちとディスカッションをしました。呼吸器ユーザーとしては、先の、開封した滅菌精製水のセキュリティチェック問題のほか、搭乗《とうじょう》2週間以内の医師の診断《しんだん》書が必要なため早割が使えないこと、呼吸器を置くために最前列を使いたいけどなかなか使わせてもらえないことなどを話しました。

また別の機会では、クラブツーリズムという、つえや車いすの人も対象にした旅行などの企画《きかく》会社が主《しゅ》催《さい》してＪＡＬが協力した「羽田空港の集合場所や搭乗手続きの事前確認で不安を解消するためのプログラム」に参加しました。やはり保安検査場を通り、本物の飛行機を使って行います。車いすからアイルチェアとよばれる機内専用の車いすに移って機内に乗りこみ、座席に移るところまで体験しました。私の場合、ふつうのアイルチェアだと座位を保つのがむずかしかったので、リクライニング式のアイルチェアを使用しました。それでも機内に入るときはひじかけをとってしまうので、いくら体をベルトで固定していても横にたおれてしまいそうでこわかったです。ただとても貴重な体験ができました。

羽田空港での搭乗《とうじょう》体験

夫とともにしている行動

夫はふだん昼間から夜中にかけての仕事のため、日中はいろいろなところに連れていってくれたり、いっしょに集会に参加したりしています。初めてのクリスマスには、電車で区内のイルミネーションを見に行きました。また、やまゆり園事件*のときには、国会議員会館まで電車で行き、追悼《ついとう》集会とその後のアピール行進に参加しました。

　ディズニーランドには、おたがいの誕生日がイースターとハロウィンにあたることから、毎年行くようになりました。最初のころは車がなかったので、私が当事者スタッフとしてかかわっている事務所の代表のリフト付きハイエースを借りたりしていました。ディズニーランドに行ったあとには、ディズニーランドを経営するオリエンタルランドにお礼状をかね改善してほしい点を書いて送っています。そうすると、返事が必ず返ってきます。

外出はリフト付きの車でするようになった

　今の都営住宅にひっこしてからは、両親からリフト付き自家用車をゆずり受け、車で出かけることがほとんどになりました。車で30分程度のところにあるソラマチによく行きます。水族館めぐりもしました。鴨川《かもがわ》シーワールドに葛西《かさい》臨海水族園、しながわ水族館にアクアパーク品川、サンシャイン水族館に

＊2016年7月26日未明に神奈川《かながわ》県立障害者施設《しせつ》津久井《つくい》やまゆり園で入所者19人が殺害され、職員をふくむ26人が負傷した事件。犯人はその施設の元職員だった。

も行きました。水族館では、たいがいショーのところに車いすスペースが用意されていて、見るのに困ることはありませんでした。またいろいろな工夫をしてくれ、鴨川シーワールドではイルカにさわったり、葛西臨海水族園ではネコザメやイヌザメ、それにアカエイやホシエイにもさわったり、しながわ水族館ではあこや貝から自分で真珠《しんじゅ》を取り出しネックレスに加工してもらったり、アクアパーク品川ではペンギンやアシカと写真をとったり、カピバラにえさをやったりと、ふだんできない経験をたくさんしました。葛西臨海公園には日本最大級の観覧車があり、2台のゴンドラだけ車いすでも乗れるように間口が大きくなっていて、乗降の際には観覧車を止めスロープをつけてくれます。

ファッションショーへの出演

そんな中、私の人生観を変えるといってもいいほどのできごとがありました。それはファッションショーに出たことです。

２０１７年の12月に「十人十色ミックスカルチャー祭り」というのがあり、tenbo《テンボ》というピープルデザインをかかげたファッションブランドがモデルを募集《ぼしゅう》していたのです。それも、年齢《ねんれい》・国籍《こくせき》・性別・障害を問わずにです。今まで私は介護《かいご》者さんや親が着せやすい、ほとんど親が選んだ服を着ていました。tenbo のデザイナーの鶴田能史《つるたたかふみ》さんはホームページでこう語っていました。「世の中には『ファッション性』と『機能性』の両方がある服が、意外とないことに気づきました。介護福祉《かいごふくし》の現場や身体障害者専用の服など機能性のある服は存在するのですが、どうしてもファッション性に欠けてしまう」そして「tenboは『オシャレはみんなが楽しむことができるべき!』だと感じています。それはファッションデザイナーの使命だと思っています」と。

それを見た私は、この人なら私の固定観念をこえた何か新しい服を考えてくれるにちがいないと応募《おうぼ》しました。しかしルックスには自信がなかったため、まわりにはずっと内緒《ないしょ》にしてきました。すると数日後に採用のメールが届いたのです。初めはおどろきで言葉が出ませんでした。重度障害者の私が本当に選ばれたと。ですが、せっかくの機会なのでやりとげようと心にちかいました。

不安なことだらけだったけど、すべて解消され

鶴田《つるた》さんとの打ち合わせが始まりました。いちばんの不安は着がえる方法でした。しかし鶴田さんは、当日ちゃんとフィッティングルームに車いすから降りて寝《ね》て着がえられる場所を用意してくれたのです。ですが、鶴田さんがデザインしてくれた服は、車いすをたおせば着がえられる服だったのです。だから車いすから降りる必要もありませんでした。しかも、その服は

私がずっと着たいと思っていたワンピースでした。
なぜ今までワンピースを着てこなかったかというと、私は膀胱《ぼうこう》ろうがあるからカテーテルを出すためにセパレートの服じゃないとだめだと思いこんでいたからです。ワンピースを着たのは結婚《けっこん》式のウエディングドレス以来でした。結婚式のときは、足元まであるドレスの中に尿バッグをかくしました。そのことを思い出した私は、前日にあわてて鶴田さんに相談しました。すると、鶴田さんからは「だいじょうぶ」というとても心強い返事が返ってきました。当日用意されていたのは、洋服と同じ生地で作った尿バッグでした。そしてそれには、車いすに引っかけられるようにカラビナがきちんとついていました。おかげで足の裏に引っかけてもまったくわからないようになっていました。

プロの手でどんどん変わっていった！

次に不安だったのは、介助《かいじょ》用車いすをだれがおすかでした。しかしこれも鶴田さんは考えていて、いっしょにショーに出演するプロのモデルさんにたのんでくれていたのでした。

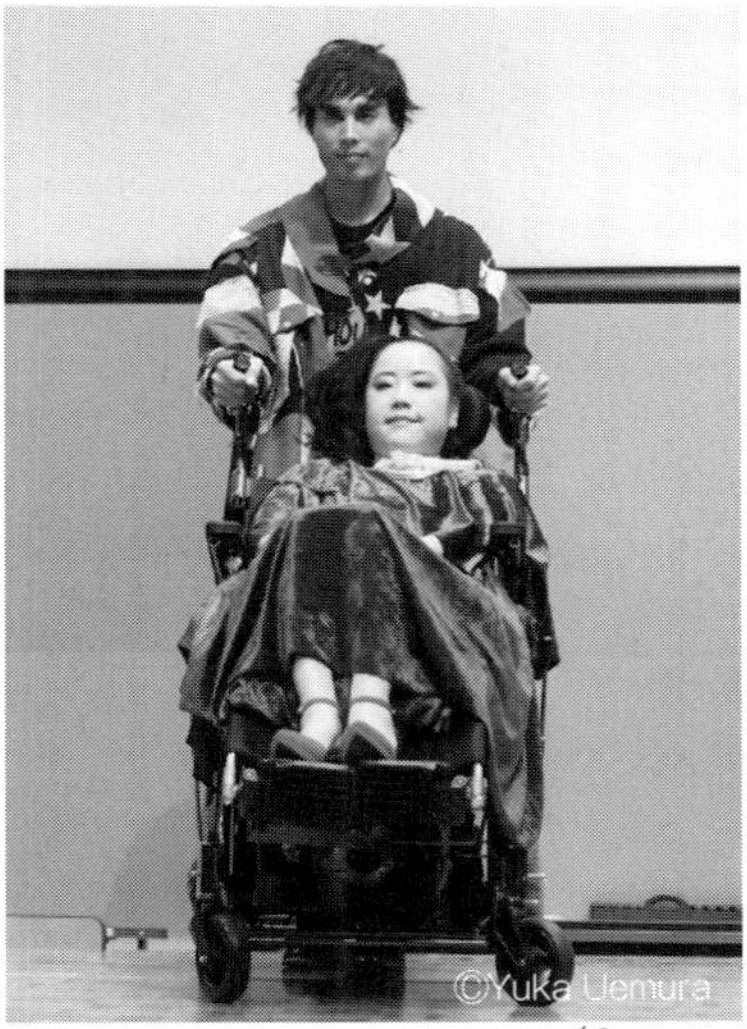

ワンピースに赤いピンヒールの靴《くつ》で

メイクやヘアメイクもプロがやってくれ、どんどん変わっていく自分が自分じゃないように見えました。今まで三つ編みしかしてこなかった髪《かみ》の毛を思いっきりななめ上に上げコテでくるくるに巻いたのです。見に来てくれた両親に二度見されるほどの変わりようでした。

鶴田さんが私のところへ来て、今回の衣装について話してくれました。かわいいワンピースもあるけれど、あえて大人っぽさを出してシックなカラーにしたこと、車いすの人はどうしてもスニーカーをはきがちだからあえて15cmものピンヒールにしたことなど。

いざファッションショーが始まると、緊張《きんちょう》してしまい、顔から笑顔が消えこわばってしまいました。MCの人に「有希さんスマイル、スマイル！」と言われて、やっと笑顔がポロリ。そして無事にカーテンコールを終えました。

ヒールの靴《くつ》にメイク、服も変わった！

それからです。私の生活は少しずつ変わっていきました。まずはハイヒールとヒールのあるブーツを買いました。そして、独学ですがメイクも本格的にベースメイクからチークやアイメイクまですることもあります。さらには、カラーコンタクトもすることもあります。髪《かみ》の毛もファッションショーのときのように介護《かいご》者さんにコテで巻いてくるくるにしてもらいました。洋服も自分で買うようになり、ストレッチの利かないライダースを着たり皮のパンツを買ったりしました。ユニクロが多かった私の服は、ＧＵやＨ＆Ｍ、ほかにもネットでながめたり買ったりするなどの楽しみが増え、どんどんレパートリーが増えていきました。おかげで今の私の洋服だんすは、昔の服もあるため、パンパンであふれるくらいになっています。

髪の毛は一度はのびすぎていたんだのでバッサリ切ったのですが、またのびてきて今はやっとなんとか1つに結べるようになりました。また新しい髪形を模索《もさく》中です。それだけこのファッションショーは私の人生観に大きな影響《えいきょう》をあたえました。

食事が入らなくなって

昨年5月のことです。Ⅱ型糖尿《とうにょう》病の反動か、３か月ほど、今度は体がまったく食事を受けつけなくなってしまいました。胃ろうからも薬を入れるので精いっぱい。栄養剤《ざい》もいろいろ試したのですが、胃ろうからは入らなくなってしまいました。最初は点滴《てきてき》でようすを見ていたのですが、水分もほとんど受けつけなくなったのでＩＶＨ（中心静脈栄養）に切りかえました。鼠蹊《そけい》部から体内の中心に近い太い静脈にカテーテルを通し、高カロリーの栄養剤を補給する方法です。しかし、それでも食事が食べられるようにはならなかったので、今度は以前作って抜去《ばっきょ》したＣＶポートをまたうめこむことになりました。

これには入院してうめこまないといけないのですが、地域の病院では人工呼吸器を使っている患者《かんじゃ》の受け入れがむずかしく、どこにも断られてしまいました。結局、脳神経内科でお世話になっている大学病院の内科に入院し、放射線科の専門チームがうめこみ手術をしてくれました。二泊三日《にはくみっか》の入院でしたが、この年から法律で重度訪問介護《かいご》利用者は入院中も重度訪問介護を利用できるはずになっていたにもかかわらず、実際使えるかどうかは区に一任されているらしく、私の住んでいる区ではまだ認められていないといわれました。そこで単価は低いけど、私は声が出ず慣れている介護者さんが必要ということで、コミュニケーション支援《しえん》という制度を使って入院中は24時間介助に入ってもらいました。今度は大学病院側もあっけないほど介護者さんを入れることに積極的で、夜間も介護者さんが入ってくれ、夫も泊《と》まりこみをする必要がなく、痰《たん》吸引も介護者さんがやっていいということだったので、私も夫も、精神的にも肉体的にも、ＣＶポートをうめこんだあとの痛み以外、苦痛を感じることはありませんでした。

少しずつ口から食べる状態にもどす

その後24時間、CVポートからの高カロリー輸液を続けていました。ところが何がきっかけかはわかりませんがまずはベビーフードを試してみようということになり、6か月ごろからのベビーフードを試したらペースト状でゆるすぎたのか下痢《げり》をしてしまい、9か月のを試したらうまくいったのでしばらくはそれでようすを見ました。それから12か月のもだいじょうぶだったので、少しずつ普通《ふつう》食にしていきました。

それでも水分がとれないのが続き、ソリタT3という粉状の電解質を処方してもらい、今はそれを300ccの白湯《さゆ》にとかして、そのほかに200ccの白湯を胃ろうから入れています。また栄養もまだ足りないので栄養剤《ざい》を処方してもらい、口から飲んでいます。最近の栄養剤はすごくて私はエンシュアHというものを飲んでいるのですが、味が豊富でバニラ、ストロベリー、メロン、バナナ、コーヒー、黒糖と6種類もあります。私は、個人的に黒糖が好きです。

呼ネット慰安旅行へ参加

9月には、呼ネットの初の試みで事務局メンバーだけで慰安《いあん》旅行に清里に行きました。前々日には事務所恒例《こうれい》のビアガーデンでソラマチまで行ったばかりでした。夫も両親もなしで（介《かい》護《ご》者さんだけで）泊《と》まりがけで出かけるのは自立体験合宿以来でした。あのときは介護者さんも知らない人ばかりで、その分今回は安心して出かけられました。二泊三日《にはくみっか》なので2人介助《かいじょ》で行きました。

現地集合ということで、私は自分の車で行ったのですが、途中《とちゅう》談合坂下りサービスエリアに寄ってB1グルメチャンピオンの「田舎《いなか》の豚《ぶた》まん」を食べたり、双葉《ふたば》サービスエリアに寄ったりしました。双葉サービスエリアでは別のグループと合流、そこからそのグループのあとをついて行ったら予定とちがう料金所で下りてしまい、もう一度高速に乗って、正しいところで下り直すといったこともありました。そこから一般《いっぱん》道へ出て宿泊《しゅくはく》先のペンション「ライフクオリティ・カーザ（Lifequality Casa）」に着きました。すでに電車組の人たちは着いていて、食堂でハーブティーを飲みながら待っていました。

ペンションは、全国自立生活センター協議会の職員の人がお姉さんとご両親とでやっていて、館内はどこもバリアフリーになっています。標高1200mの山の中にあり、空気もとてもすんでいます。入ると、まず玄関《げんかん》にスロープがあり、食堂に下りるところもスロープがあります。中はとても広いので大きめの車いすでも全然問題ありませんでした。部屋は4部屋あり、私の部屋は3人プラスエキストラベッド1人の4人部屋で、ベッドカバーからまくら、小物まで馬で統一されていました。1台電動ベッドがあり、私はそこを使用しました。酸素が若干うすいので苦しく感じる人もいましたが、私はだいじょうぶでした。食事も全員に合わせてやわらか煮《に》の一口大に調理をしてくれました。

清里2日目を満喫《まんきつ》

翌日は、サンメドウズ清里に行きました。電車組には私が事前に手配した介護《かいご》タクシーに乗ってもらいました。サンメドウズ清里では天候がころころ変わり、痰吸引《たん》が多くなって15分に1回の割合で痰《たん》吸引をしていました。本当は標高1900mにある清里テラスまで行きたかったのですが、リフト（車いす用にゴンドラが1台用意されている）が上に上がるまで15分かかるのでその間痰吸引が必要になったら困るのと、そのときはちょうど悪天候で視界が悪く下が見えない状態だったので、あきらめました。その代わりサンメドウズ清里のベーカリーで焼き立てのパンをまったりしながら食べました。それからお土産を買ってサンメドウズ清里をあとにしました。

帰りに、ペンションの人おすすめのソフトクリームのお店にみんなで寄りました。テラスに上がるのにお店の中にも簡易スロープがあったのかもしれませんが、介護タクシーの運転手さんが車内から簡易スロープを出してくれて上がれました。

お店の名は「ソフト　パプ　パレドオール」。アルチザン・パレドオールのショコラティエ三枝俊介《さえぐさしゅんすけ》さんが考案した、カカオ豆から作るソフトクリームを食べさせてくれるところです。チョコレートソフトクリームの概念《がいねん》をくつがえすと評判です。私は期間限定の白カカオ豆で作られたソフトクリームを食べました。一見バニラソフトクリームに見える白さでしたが、味はさっぱりしたあまさの、完全なチョコレートソフトクリームでした。とてもおいしくて、みんなで感動していました。

どれもおいしそう！

楽しみは夜のふけるまで…

そのあとペンションにもどったら天候が回復していて、テラスにバーベキューの用意がしてありました。富士桜ポークがドーンと置いてあり、野菜も新鮮《しんせん》な夏野菜がいっぱい置いてありました。野菜はそのままでも食べ、また私たちには食べにくいブロッコリーなどはチーズフォンデュにして食べました。お肉は、介護《かいご》者さんたちが一口大に切って、食べやすくしてくれました。ビールも、ふだん私はあまり飲まないのですが地ビールの清里ラガーやピルスナーがとてもおいしくて、ストローでごくごく飲んでしまいました。

もうこの時点でだれがだれの介護者だかわからなくなるくらい、みんなで協力し合って焼いたり、切ったり、食べたり、飲んだりしていました。お手製ベルギースープは胃に優しく、体が温まりました。マシュマロをとかして作ったデザートもおいしかったです。

食後は、いったんみんな部屋にもどりました。私もベッドに上がりスウェットに着がえました。しかし、それで終わる呼ネット事務局ではありません。副代表から召集《しょうしゅう》の声がかかり、また車いすに移って、みんなでバーカウンターの近くに集まりました。そして夜の宴《うたげ》が始まりました。

赤ワインと白ワインを開けながら、セクシュアル・マイノリティによる介助について語り合いました。自立生活センター協議会では基本的に同性介助を原則としています。しかし、人手が足りないのが現実です。だからおたがいの同意があればセクシュアル・マイノリティであってもいいのではないかという話になりました。私は、ＬＧＢＴの介護者を知っているものの私自身は女性介護者にめぐまれていて、今のままがいいけれど死活問題になったら考えなくては、といった話をしました。

そんなこんなで、25時になったのでお開きになりました。

帰る日もアクティブに行動

翌日は着がえたらそのまま解散の予定だったのですが、まだまだ観光がしたかった私は、介《かい》護《ご》者さんとともにみんなより一足先にペンションをあとにしました。

まず向かったのは夫にすすめられていた清泉寮《りょう》のジャージーハットで、ソフトクリームを食べました。このときは、台風が近づいている影響《えいきょう》か山の天気が変わりやすいためか、ザーザー降りで、介護者さんが買ってきてくれ、車の中で食べました。今まで食べたことのない濃厚《のうこう》な味で感動しました。

それから萌木《もえぎ》の村に寄り、オルゴール博物館に行きました。まず介護者さんが下見に行くと、博物館は2階にあり、そこに行くには10段くらいの階段のみでした。そこにいた女性スタッフ3人がお手伝いしますよと言ってくれ、車から降りることにしました。まだ雨が降っていて、駐車場《ちゅうしゃ》からは砂利道でもあり、玄関《げんかん》先まで車を寄せていいとも言ってくれました。それで、すんなり入ることができました。階段を上がる際、スタッフの人は車いすのどこを持ったらいいか私に確認するなど（勝手にさわるのではなく）、慣れている感じでした。

オルゴール博物館ではちょうど解説が始まったばかりで、いろいろなオルゴールの説明を聞くことができました。特にびっくりしたのは、バイオリンを演奏するオルゴールでした。私はバイオリンをやっていたので、弦《げん》と弓の接触《せっしょく》する力加減がいかにむずかしいかをよく知っています。それをからくりでするなんて、と思いました。また、フルートをふく少年というオルゴールでは、トルコ行進曲をちゃんと指を動かして少年がフルートをふいていました。もう、オルゴールの概念《がいねん》をこえたおどろきでした。地下にはショップがあったのですが、そこはせまい階段しかなかったので下りるのはあきらめました。介護者さんに持ってきてもらったパーツを組み合わせ、私は『美女と野獣《やじゅう》』の曲とばらのプリザーブドフラワーを合わせたオリジナルのオルゴールを作りました。

そのあと、南清里の道の駅に寄りました。山梨《やまなし》の特産品がたくさんあり、私は迷わずぶどうを買いました。信玄《しんげん》ソフトというおいしそうなソフトクリームも売っていました。さすがに今度は、3人で1つのソフトクリームを食べることにしました。売店の人がそれに気づいたのか、多めに盛りつけてくれました。高速に乗ってからは、上り二葉サービスエリアで辛味《からみ》噌《そ》ほうとうを食べました。そして上り談合坂サービスエリアに寄ってお土産を買って帰りました。

この慰安《いあん》旅行は、私に大いに自信をつけてくれるものになりました。家族もいない、ベッドから車いす、車いすからベッドに移動するリフトもない、いつもベッドで使う体位保持クッションもないという、ないないづくしでもやりきることができたからです。

これからもいろいろ楽しむぞ

10月には、母がスポンサーになり、35周年をむかえたディズニーリゾートへ。バケーションパッケージを利用してディズニーランドホテルに泊《と》まりました。1日目はランドに、2日目にはシーに行きました。もちろん介護《かいご》者さんがついてです。それはとても楽しい時間でしたが、不便な思いもしました。

車いすから降りられないのでライド系アトラクションには乗れないのに、どんどんライド系アトラクションになってしまっていることや、シーがランドよりあとにできたにもかかわらず、石畳《いしだたみ》や起伏《きふく》が多く膀胱《ぼうこう》ろうにひびいたり背中に褥瘡《じょくそう》ができたりしたことです。まだ細かなことをいえばきりがないのですが、カメラセンターのフォトフレームをつけるモニターが車いす用に低くはなっているものの実際は反射して結局見えないことなど……。レポート用紙6枚にまとめ、ディズニーリゾートへ送りました。今回もちゃんと返事が来て、関係部署へ回してくれるとのことでした。

2019年には「新しい地図」のNAKAMA_to_MEETING《なかまとミーティング》（ファンミーティング）が待っています。今回もまわりに NAKAMA（「新しい地図」ではファンクラブ会員のことをこうよびます）がいないため、夫もふくめふだんの介護者さんにも、会場内で介助《かいじょ》に入れる人がいません。そこで、Twitter《ツイッター》で拡散募集《ぼしゅう》をすると、NAKAMA の何人かから介助に入ってもいいよとのコメントをもらいました。その中に1人介護士さんがいて、その人にお願いできることになりました（その後、事務局の判断で私のいつもの介護者さんがつきそうことになりました）。

こうやって自分は強くなるんだなぁと感じました。

これからもまだまだ障壁《しょうへき》が多い時代ですが、強く生きていきたいと思います。

おわりに

バクバクの会が発足して約30年、医療《いりょう》や福祉《ふくし》の制度など何もなかった当初に比べ、人工呼吸器など医療機器の自費購入《こうにゅう》などはなくなり、医療や福祉など社会制度も整ってきています。しかし、残念ながらバクバクっ子など人工呼吸器使用者の存在については、まだまだ社会の受け入れや認知は進まず、健常者と障害者に二分されることも多い現状です。バクバクっ子の就学問題ひとつをとっても、就学前から行政と話し合いを重ねていても、希望する学校へ入学できなかったり、親のつきそいを強要されたりすることも多々あります。卒業後の就職もむずかしく行き場がないため親への依存《いぞん》度が高くなり、自立を困難にさせています。

障害を理由とする差別の解消の推進に関する法律（障害者差別解消法）が施行《しこう》され（2016年4月）、合理的配慮《はいりょ》が義務づけられました。「医学モデル」（障害は個人の問題）から「社会モデル」（障害は環境《かんきょう》の問題）へと障害概念《がいねん》が変わり、障害者が自ら困難（障壁《しょうへき》）を乗りこえなければ社会の一員になれない時代から、障害者に合わせ社会が障壁を取り除き、環境を変えていく時代になりました。とはいえ、多くの人は、働きもしない重度障害者に税金を使うのはおかしい、社会の厄介《やっかい》者と思っているというのが現実かもしれません。でも、障害者が存在することで、介護《かいご》という職業や、車いす製作会社、その他関連する産業にもつながっています。

駅や学校など公共の場所にエレベーターが設置されるなど、街の中がバリアフリー化され、だれもが住みやすくなったのも、障害者が社会参加するようになった影響《えいきょう》といえないでしょうか。

親たちは、バクバクっ子から人として強さや優しさなどさまざまなことを学び成長してきました。このような子どもを授かったことは、確かに大変ではありますが不幸ではありません。どこにでもいる子どもをもつ家庭と同じような生活をしています。ただ、人工呼吸器をつけた当事者・家族は、日々頭のすみで「命」を考えています。今日元気であっても明日も同じようにむかえられるとは限りません。だからこそ今を大切に暮らしています。

初めて街でバクバクっ子を見かけると、最初はびっくりすると思いますが、本に出ていたような人たちが身近なところでも暮らしていたんだとご理解いただき、気軽に声をかけてみませんか。きっと、今までとはちがった世界が見えると思います。どんなに障害が重くても、人工呼吸器があり、医療的ケアがあり、あたりまえの日々がある。社会で人工呼吸器使用者がふつうに暮らし、だれもがおたがいを認め支え合う多様性のある社会、包容力のある社会、インクルーシブな社会って素敵な社会と思えませんか。本著をきっかけに、そういう視点をもってもらえることを期待しています。

バクバクの会〜人工呼吸器とともに生きる〜会長　大塚孝司《おおつかたかし》

著者紹介

バクバクの会～人工呼吸器とともに生きる～

1989年5月、長期にわたり人工呼吸器をつけている子どもたちの、安全で快適な入院生活と生きる喜びを願い、淀川キリスト教病院の院内家族の会「人工呼吸器をつけた子の親の会」として発足。翌年、人工呼吸器をつけていてもどんな障害があっても、ひとりの人間ひとりの子どもとして社会の中であたりまえに生きるためのよりよい環境づくりをめざし、ネットワークをひろげ、全国組織として始動。「子どもたちの命と思い」を何よりも大切にしながらさまざまな活動に取り組んできた。2015年、発足当時は小さかった子どもたちもすでに大人になったことから、名称を「バクバクの会～人工呼吸器とともに生きる～」に変更。「本人たちの命と思い」をより大切にした活動を、当事者とともに進めている。2019年1月現在、会員は全国に約500名。出版物に『バクバクっ子の為の生活便利帳　第5版』（2014年）、『バクバクっ子の為の退院支援ハンドブック』（2014年）、『人工呼吸器使用者のための防災ハンドブック　改訂版』（2017年）、ドキュメンタリーDVD『風よ吹け！　未来はここに!!』（2016年）などがある。

https://www.bakubaku.org/

［執筆者］

1　正木寧子・一（まさき　やすこ・はじめ）
2　中井早智（なかい　さち）
3　林　有香（はやし　ゆか）
4　三原大悟（みはら　だいご）
5　新居大作（あらい　だいさく）
6　安平有希（やすひら　ゆき）

バクバクっ子、街を行く！
人工呼吸器とあたりまえの日々

2019年7月28日　初版第1刷発行

著　者　バクバクの会～人工呼吸器とともに生きる～
発行人　小 林 豊 治
発行所　本 の 種 出 版

〒140-0013　東京都品川区南大井3-26-5　3F
電話 03-5753-0195　FAX 03-5753-0190
URL http://www.honnotane.com/

本文デザイン　小西　栄
DTP　アトリエRIK
印刷　モリモト印刷

ISBN 978-4-907582-19-7
Printed in Japan